Verbrecher, Opfer, Tatorte

Verbrecher, Opfer, Tatorte

Kriminelles aus Berlin

Herausgegeben von Peter Brock

Jaron

Fotos
Max Lautenschläger: S. 10, 18, 32, 38, 61, 67, 75, 110, 129, 142, 156, 162, 167, 186
Mike Fröhling: S. 27, 44, 55, 80, 88, 97, 103, 117, 135, 150, 174, 180

Originalausgabe
1. Auflage 2004

Umschlaggestaltung: LVD GmbH, Berlin, unter Verwendung eines Fotos von Max Lautenschläger
Satz und Layout: hanseatenSatz-bremen, Bremen
Lithographie: LVD GmbH, Berlin
Druck und Bindung: Clausen & Bosse, Leck
ISBN 3-89773-118-5

Inhalt

Hauptstadt des Verbrechens

Jede Minute wird in Berlin eine Straftat begangen. Genau genommen verstößt alle 55,9 Sekunden jemand gegen die Regeln des Strafgesetzbuches – sei es, weil er eine Flasche Schnaps im Supermarkt mitgehen lässt, weil er ein Auto klaut, sich in der Kneipe prügelt oder eine Bank ausraubt. Statistisch gesehen, werden jeden Tag zwei Frauen vergewaltigt, alle sechs Tage wird ein Mensch umgebracht, und jeden dritten Tag wird dies einmal versucht. Die Hauptstadt der Bundesrepublik ist also auch eine Hauptstadt des Verbrechens.

Die allermeisten Bewohner jedoch bekommen davon – Gott sei Dank – kaum etwas mit. Sie hören von Räubern, Mördern und Vergewaltigern nur in den Nachrichten, lesen davon in der Zeitung. Manchmal sind es nur wenige Zeilen, die erahnen lassen, welch schreckliches Schicksal das Opfer ereilte, wie sehr es darunter ein Leben lang körperlich und seelisch wird leiden müssen. Und ist der Täter schließlich gefasst, fragt kaum noch jemand, wie man ihm auf die Spur kam, ob Insektenkundler oder Rechtsmediziner den entscheidenden Hinweis gaben oder ob es wieder einmal die Teamarbeit erfahrener Kommissare war, die zum Erfolg führte.

Als Angeklagter kann sich der Festgenommene zwar nicht mehr verstecken: Seine Motive, seine womöglich gestörte Persönlichkeit sind Gegenstand des Strafprozesses. Doch keinesfalls immer stehen diese Details dann auch im Zentrum des öffentlichen Interesses. Dabei sind oft gerade die zunächst im Verborgenen liegenden Hintergründe der Tat oder der sich nicht auf den ersten Blick erschließende Charakter des Angeklagten das, was besonders an den Verbrechen interessiert. Es ist die Frage, wie jemand dazu kommen konnte, eine so brutale oder aber eine so gut durchdachte Tat zu begehen. Ist dies geklärt, schließt sich die Frage an, wie ein Rechtsstaat mit einem Täter umgeht, der zum Beispiel seine überdurchschnittliche Intelligenz nur nutzte, um anderen zu schaden, oder der trotz mehrerer Verurteilungen immer wieder hemmungslos vergewaltigte oder es jahrelang nicht lassen konnte, Leichen zu schänden. Bis zu welchem Grad lässt sich eine Persönlichkeitsstörung behandeln? Und welche Täter kann man wieder freilassen, welche muss man für immer wegschließen, um die Gesellschaft vor ihnen zu schützen?

Es sind diese Fragen sowie die nach der Arbeit der ermittelnden Kommissare, Spurensicherer und Labormitarbeiter, denen die Reporter der Berliner Zeitung nachgegangen sind, als sie sich nochmals mit spektakulären Verbrechen, mit mysteriösen Selbstmorden und unaufgeklärten Fällen der vergangenen Jahre beschäftigt haben. Die Autoren haben mit Ermittlern, Anklägern und Anwälten gesprochen, sie haben Verurteilte hinter Gittern besucht, sie haben sich Tatorte angesehen, sind zu Rechtsmedizinern, Biologen und Psychiatern gefahren. Sie haben akribisch recherchiert, um jeden einzelnen Fall darstellen zu können – und zwar so, wie es in der tagesaktuellen Berichterstattung nicht immer möglich ist: als Teil einer Lebensgeschichte der Betroffenen, detailreich und spannend erzählt, fast wie ein Krimi.

Doch die Reportagen über die ausgewählten Fälle – in gekürzter Fassung bereits mit großem Erfolg als Serie in der Berliner Zeitung veröffentlicht – sind keine Fiktion, keine Erfindung. Es sind Straftaten, die es wirklich gegeben hat. Taten, die schockieren, die sprachlos machen. Taten, die erkennen lassen, wozu Menschen fähig sind, wenn ihnen die Mutterliebe in den ersten Lebensjahren fehlte, wenn sie nicht gelernt haben, Empathie, Mitgefühl und Verantwortung zu empfinden.

So authentisch jeder einzelne Fall auch geschildert wird, so sehr legen die Autoren doch Wert darauf, die Persönlichkeitsrechte zu wahren, vor allem die von Opfern und ihren Angehörigen, aber auch die von Tätern und ihren Familien. Denn auch den Verurteilten darf die Chance auf eine mögliche Resozialisierung nicht genommen werden. Zum Schutz dieser berechtigten Interessen sind viele Namen in diesem Buch geändert, sie sind dann mit * gekennzeichnet. Aus diesem Grund werden auch keine Fotos von Tätern oder Opfern gezeigt. Denn es geht den Autoren nicht darum, jemanden an den Pranger zu stellen, es geht ihnen darum, die dunkle, die kriminelle Seite des Lebens in der Hauptstadt zu schildern. Fotografen der Berliner Zeitung haben dieses Anliegen künstlerisch umgesetzt – als bildlichen Einstieg in jede Geschichte.

Berliner Zeitung, Ressort Berlin-Brandenburg
Peter Brock, stellv. Ressortleiter

Nachts im Park

Sie würden es sicher tun. Sie würden die Absperrbänder der Polizei wegschieben, sie würden an den Beamten vorbeigehen und einen Blick riskieren – wenn man sie denn ließe. So sind sie, die Schaulustigen, auch an diesem sommerlichen Sonnabendvormittag im Humboldthain. Wahrscheinlich ärgern sie sich, weil sie in der Realität nicht sehen dürfen, was sie aus Fernsehkrimis längst kennen: ein hübsches Mädchen, halb bekleidet, tot im Gebüsch liegend. Das Opfer eines Triebtäters, geschminkt und zurechtgelegt für die Gruselästhetik des Abendprogramms.

Aber wenn sie wüssten, was sie an diesem 3. Juni 2000 in dem Weddinger Park sehen könnten, sie wären dankbar, dass ihnen die Sicht verwehrt wird. Denn unter den Schatten spendenden Bäumen im südlichen Teil des Humboldthains findet sich der schrecklichste Tatort, den Staatsanwalt Thorsten Neudeck je gesehen hat. »Unfassbares«, so sagt er Monate später in seinem Plädoyer vor dem Landgericht, sei Nadine Taler* dort angetan worden.

Edwin Ehrlich hat an diesem Sonnabend die Aufgabe, das »Unfassbare« zu dokumentieren. Er ist der Dienst habende Rechtsmediziner, darf an den Schaulustigen vorbeigehen und die Absperrung wegschieben. Es ist seine Pflicht, die Leiche noch am Fundort zu begutachten und die Körpertemperatur tief im Rektum zu messen, um einen Richtwert für den Todeszeitpunkt zu haben. Ehrlich schaut sich die vielen Stichwunden an, die er erst später im Sektionsraum genau zählen und in ein Schaubild übertragen wird, und er sieht sich den Holzstab genauer an, der im Unterleib des Mädchens steckt – 54 Zentimeter ist er lang und zwei Zentimeter dick. Das wird Ehrlich später notieren und damit die unbegreifliche Tat in etwas rational Greifbares, etwas wissenschaftlich Korrektes fassen. Das ist sein Job. Er wird vermuten, dass Nadine, als ihr dieser Stab durch mehrere Organe hindurch in den Leib gerammt wurde, schon bewusstlos war – wegen des großen Blutverlustes. Denn die allermeisten der insgesamt 61 Stiche, das beweisen die Blutflecken auf der Kleidung und die erkennbare Abrinnspur des Blutes, wurden Nadine vorher zugefügt, als sie noch stand und lebte.

Für die Mutter in Pankow, die an diesem Nachmittag von der Polizei die Nachricht erhält, dass ihre Tochter tot ist, mag es – wenn überhaupt – ein kleiner Trost sein, dass die 14-Jährige wenigstens diese bestialischen Schmerzen des Pfählens nicht bei Bewusstsein hat ertragen müssen.

Zuletzt gesehen hat die Mutter Nadine am Donnerstag, bevor diese zu ihrer Tante nach Wedding gefahren ist – dorthin, wo Nadine oft übernachtete, wenn sie Ärger mit ihrer Mutter hatte. Manchmal aber blieb sie aber auch ganz weg über Nacht, wenn sie mal wieder auffallend geschminkt und mit kurzem Minirock einen Abend in der Disko verbracht hatte. Eine Rumtreiberin sei sie gewesen, sagt ein Ermittler. Ein »lebenslustiges Mädchen«, so heißt schließlich die offizielle Formulierung der Polizei für die Presse.

Liegt ein so attraktives Mädchen derart zugerichtet im Park, braucht man nicht viele Fernsehkrimis gesehen zu haben, um ein Sexualverbrechen zu vermuten. »Aber gerade bei so einem Fall müssen wir sehr vorsichtig sein, um den Ermittlungen nicht vorschnell eine Richtung zu geben«, sagt der Leiter der Dritten Mordkommission, Klaus Ruckschnat. Zwar sieht für den Laien zunächst alles so aus, als ob ein fremder Triebtäter dem Mädchen auf dem Weg durch den Park auflauerte, doch Ruckschnat und seine acht Mitarbeiter von der Mordkommission interessiert das nicht. »Wir müssen jede Voreingenommenheit wegschieben, wichtig ist erst mal das Sichern von Spuren, von Beweisen und das Befragen von Zeugen, Verwandten, Freunden«, sagt der Erste Kriminalhauptkommissar, der erst elf Tage später wissen wird, wer Nadine Auler bestialisch quälte und tötete.

Zunächst geht es darum herauszufinden, wann die 14-Jährige umgebracht wurde. Ein Jogger hat die Leiche um 9.30 Uhr am Sonnabend gefunden – ermordet wurde sie aber mindestens zwölf Stunden vorher, stellt Rechtsmediziner Ehrlich fest. Die Frage, wann jemand starb, versuchen die Mediziner zunächst mithilfe der Körpertemperatur zu beantworten. Diese sinkt nach dem Tod langsam ab, bis sie auf dem Niveau der Umgebungstemperatur angekommen ist. Solange Leiche und Umgebung nicht gleich »kalt« sind, funktioniert die Methode. Kennt man neben der Temperatur auch das Gewicht des Toten sowie die Temperatur in der Umgebung, kann man die so genannte Leichenliegezeit anhand von Diagrammen ablesen, neuerdings errechnen auch Taschencomputer diese Zeit. »Aber die Methode funktioniert nur in geschlossenen Räumen«, erläutert Ehrlich. Denn sie berücksichtige weder kühlenden Wind noch Regen, auch könne in die Berechnung nicht einbezogen werden, ob die Leiche auf kaltem oder warmem Untergrund lag. Im Fall der toten Nadine jedenfalls bleibt Ehrlich nur festzustellen, dass das Mädchen schon mindestens zwölf Stunden tot gewesen sein muss, weil die Leichentemperatur bereits auf Umgebungsniveau abgesunken ist.

Nadine könnte also am Abend zuvor ermordet worden sein – so lautet zunächst die Hypothese der Ermittler. Doch so eifrig die Kommissare auch Zeugen befragen, niemand hat Nadine am Freitag gesehen. Zuletzt hatte sie am Donnerstagabend bei ihrer Tante gefeiert, mit ihrem Cousin Albert Gleich* und dessen Brüdern. Irgendwann am Abend, sagt die Tante, habe das Mädchen das Haus verlassen. Mehr wisse sie nicht.

1992 war Nadine zusammen mit ihrer Mutter aus Russland nach Berlin gekommen. Sie wuchs in einem Dorf nahe Wolgograd auf, dort, wo auch ihre Tante und ihre Cousins lebten. Vier Jahre später siedelte dann auch diese Familie nach Berlin über – und so traf Nadine ihren Cousin Albert wieder, mit dem sie als Kind oft gespielt hatte.

Solche familiären Hintergründe sind für die Ermittler wichtig, könnten sie doch Hinweise auf ein Motiv liefern. Doch zunächst kommt die Mordkommission nicht weiter. »Dabei arbeiten wir in den Tagen nach der Tat auch schon mal 16 bis 18 Stunden«, sagt Ruckschnat. Mindestens zwölf Stunden am Tag, so ist es bei der Berliner Polizei geregelt, muss eine so genannte »Kommission« arbeiten, die immer dann einberufen wird, wenn ein Mord mit unbekanntem Täter geschieht. »Nach fünf bis sechs Tagen haben wir meist den Täter«, erklärt Ruckschnat. Die Aufklärungsquote bei Mordfällen lag in Berlin 2003 bei rund 85 Prozent, und mehr als 91 Prozent aller Tötungsdelikte, die später als Totschlag gewertet wurden, konnten aufgeklärt werden. Ein Grund für die hohe Erfolgsquote ist die Tatsache, dass sich Täter und Opfer meist kennen und in irgendeiner Beziehung zueinander stehen. Im Fall Nadine war es aber zunächst nicht so leicht, den Täter zu fassen.

Ein wichtiger Anhaltspunkt für die Ermittlungen ist, wie erwähnt, der Todeszeitpunkt – aber auch dieser ließ sich im Fall Nadine nach der Obduktion nicht so einfach bestimmen. Nachdem Ehrlich die Leiche obduziert hatte, schrieb er in seinen Bericht, dass Nadine 12 bis 36 Stunden, bevor sie gefunden wurde, gestorben war. Länger lag sie wohl nicht im Park, denn die Leiche wies keine Fäulnisspuren auf.

Für die Polizei ist es schwer, einen Täter zu überführen, wenn sie die Tatzeit nicht näher eingrenzen kann. Deshalb schickt Ruckschnat einen Mitarbeiter ins rechtsmedizinische Institut. Er soll Fliegenlarven abholen – Maden, die Edwin Ehrlich auf der Leiche gesammelt und in Alkohol konserviert hat. Diese Tierchen bringt er zu Hubert Schumann, einem pensionierten Zoologen des Naturkundemuseums. Der misst die acht Larven, stellt fest, dass sie zwischen drei und viereinhalb Millimeter lang sind. Dann bestimmt er, in welchem Entwicklungsstadium sie sich befinden und welcher Fliegenart sie angehören. Dazu löst er die Weichteile der toten Tiere in Kalilauge auf, damit er die winzig kleinen Mundwerkzeuge unter dem Mikroskop erkennen kann. An diesen sieht der Zoologe, dass es sich um eine Fliege der Gruppe Lucilia Caesar und genauer um die Art Lucilia Sericata handelt. »Diese Fliegen riechen über 100 Meter hinweg Aas und sind bei einer Leiche immer die ersten Besucher. Zwei bis drei Minuten nach dem Tod legen sie schon ihre Eier ab – in Wunden oder Körperöffnungen«, erklärt Schumann.

Der 74 Jahre alte Forscher weiß genau, wie sich nach der Eiablage die Entwicklung der Fliege vollzieht und wie lange sie dafür braucht. Bei 20 Grad dauert es 18 Stunden, bis die Larven aus den Eiern schlüpfen. Ist es wärmer, geht es schneller, bei fünf Grad stoppt die Entwicklung. Schumann lässt sich die meteorologischen Daten geben, um die Entwicklungszeit der Tiere im Humboldthain errechnen zu können. Die Larven häuten sich in der Regel nach 24 Stunden zum ersten Mal und nach weiteren 24 Stunden erneut, danach leben sie vier bis sechs Tage im dritten Stadium. Anhand der Größe und des Entwicklungsstadiums der Maden stellt Schumann fest, dass zwischen der Eiablage und dem Finden der Leiche rund eineinhalb Tage vergangen sein müssen. Nadine wurde seiner Ansicht nach also zwischen Donnerstagnachmittag und Freitagvormittag ermordet.

Das passt zu den Ermittlungsergebnissen der Mordkommission. Schließlich haben die Kriminalpolizisten ja niemanden gefunden, der Nadine noch am Freitag gesehen hat. Ruckschnat und seine Leute gehen nun davon aus, dass Nadine am Donnerstagabend, nachdem sie die Wohnung ihrer Tante verlassen hatte, ermordet wurde. Aber von wem? Freilich haben die Rechtsmediziner bei der Obduktion viele Spuren an der Leiche gesichert – auch so genannte genetische Fingerabdrücke. Eine leichte Berührung kann schon ausreichen, um eine solche

Spur auf einem Kleidungsstück zu hinterlassen. Aber diese Spuren müssen nicht unbedingt zum Täter gehören, sie können auch von Freunden oder Familienmitgliedern stammen. Deshalb bitten die Ermittler – um so genannte »berechtigte Spurenleger« ausschließen zu können – die Verwandten von Nadine um eine Speichelprobe für die DNA-Analyse. Alle willigen ein und lassen sich mit einem Wattestäbchen Speichel aus dem Mund entnehmen.

Die Beamten stellen zahlreiche Übereinstimmungen fest. Kein Wunder, die Familie hat mit Nadine gefeiert, dabei berührt man sich schon mal. Auch Spuren von Albert Gleich, dem Cousin, werden gefunden. Stutzig wird Ruckschnat allerdings, als er erfährt, wo Alberts DNA-Spuren gefunden wurden: nämlich am BH des Mädchens und im Slip. An Stellen also, an denen sich Cousin und Cousine normalerweise nicht berühren. Und dass der 27-jährige Albert und die 14-jährige Nadine eine Liebesbeziehung hatten, davon ist nie die Rede gewesen. Als die Ermittler dann auch noch feststellen, dass sich auf einer am Tatort sichergestellten Zigarettenkippe der genetische Fingerabdruck von Albert Gleich fand, wird dieser zum Hauptverdächtigen.

Zunächst, als man noch annahm, dass Nadine wohl am Freitagabend ermordet wurde, war Albert Gleich fein heraus – für diese mögliche Tatzeit hatte er ein wasserdichtes Alibi. Aber nun, da man anhand der Fliegenmaden beweisen kann, dass die Tat bereits früher geschehen sein muss, sieht es schlecht aus für ihn. Am Donnerstagabend nämlich, so räumt er ein, war er nach der Familienfeier noch mit Nadine unterwegs. Mehr will er aber zunächst nicht zugeben.

»Die Vernehmungen mit ihm waren schwer«, erinnert sich Ruckschnat. »Meist grinste er nur.« Trotzdem, die Ermittler sind sich sicher, den Richtigen zu haben. Sie nehmen ihn fest und beantragen – mit Erfolg – einen Haftbefehl.

Vor Gericht schließlich gesteht Albert Gleich, allerdings gibt er nur zu, im Humboldthain einmal auf Nadine eingestochen zu haben. Davon, dass es 61 Stiche waren, will er nichts wissen. Auch zu der Quälerei mit dem Holzstab sagt er nichts. Er sagt sowieso kaum etwas, er grinst meist nur. Als er nach dem Motiv gefragt wird, sagt er: »Ich weiß nicht.« Schließlich aber erklärt Gleich, dass Nadine »ein böses Mädchen« gewesen sei, weil sie kurze Röcke trug, sich schminkte, ausging. Allerdings nicht mit ihm. Und er hatte zur Tatzeit niemanden, mit dem er hätte ausgehen können: Seine Freundin hatte ihn verlassen. Und Nadine, mit der er früher in Russland oft noch gespielt hatte, betrachtete den Angeklagten, bei dem ein Intelligenzquotient von 90 festgestellt wurde, als »Idioten«. Sie fand andere Männer attraktiver. Wohl auch deshalb war sie in Alberts Augen ein »böses Mädchen«. Und bösen Mädchen, so sagt er auch vor Gericht, darf man Böses tun.

Dass Albert Gleich »gewissenskarg« sei, stellen die psychiatrischen Gutachter fest. Sie diagnostizieren, dass er minderbegabt sei und abnorme Persönlichkeitszüge habe. Auch fehle es ihm an Verständnis, Gemeinsinn und Mitleid. Nach der Tat hatte er am Fuß von Nadine Auler einen Kofferanhänger befestigt. Darauf stand: »Gute Reise«.

Psychisch krank und damit vermindert schuldfähig sei Albert Gleich aber nicht, meinen zwei der Gutachter. Ein dritter will das nicht ausschließen. Jedenfalls habe der Täter Nadine bestrafen wollen, weil das attraktive Mädchen die Aufmerksamkeit bekam, nach der er sich sehnte. Deshalb, so stellt der Professor für Sexualwissenschaften der Charité, Klaus Beier, fest, habe Albert Gleich Vergeltung üben und Nadine, die eine enorme sexuelle Ausstrahlung gehabt habe, »als Frau vernichten« wollen. Für den Staatsanwalt Thorsten Neudeck war es eine »gefühllose, unbarmherzige, menschenverachtende Tat«. Albert Gleich wird dafür zu lebenslanger Haft verurteilt.

Dass der Bundesgerichtshof das Urteil in der Revision aufhebt und an eine andere Strafkammer zurückverweist, weil er die Frage der Schuldfähigkeit als nicht ausreichend geprüft ansieht, ändert letztendlich nichts. Gleich, der bereits in Russland einmal in die Psychiatrie eingewiesen worden war, weil er als Jugendlicher einen Schuppen angezündet und zwei Jahre später eine Krankenschwester mit Messerstichen lebensgefährlich verletzt hatte, wird erneut zu lebenslanger Haft verurteilt. Weil das Urteil damit rechtskräftig ist, muss er umziehen – von der Untersuchungs- in die Strafhaft nach Tegel.

Albert Gleich kommt Anfang März 2003 in Deutschlands größtes Gefängnis – 1700 Männer aus 62 Ländern sind dort untergebracht. Als Kindermörder steht er ganz unten in der Knasthierarchie, wird von Mithäftlingen angefeindet und gedemütigt. Vielleicht auch deshalb verbarrikadiert er am Abend des 21. März 2003 seine Zellentür im zweiten Stock von innen und zündet seine Bettdecke mit seinem Feuerzeug an. Als Beamte den Rauch bemerken, der aus der Zelle dringt, und sie die Tür aufstemmen, ist es schon zu spät. Albert Gleich lebt zwar noch, liegt gekrümmt auf dem Boden seiner ausgebrannten Zelle, doch kurz darauf stirbt er im Krankenhaus. *Peter Brock*

Tod eines Zeugen

Die SMS, die Rudolf Petroll am 28. September 2001 von seinem Sohn erhält, klingt beruhigend: »Mir geht es gut, es ist alles okay. Lars.« Einen Tag später ist der 32-jährige Lars Oliver Petroll tot. Ein Pilzsammler findet ihn morgens um kurz nach neun Uhr erhängt an einer Eiche im Grunewald, den Kopf in einer Schlinge mit so genanntem Henkersknoten. Der Fundort liegt an einem Waldweg im Jagen 59, etwa 150 Meter entfernt vom Königsweg, einem für den Autoverkehr gesperrten Asphaltweg neben der Avus. Bis zum S-Bahnhof Grunewald sind es anderthalb Kilometer. Wer der Tote ist, weiß die Polizei zunächst allerdings nicht. Der Mann hat keine Papiere bei sich, in seinen Taschen stecken lediglich drei Telefonkarten und 6,69 Mark in Münzen.

Für die Beamten sieht alles nach einem Selbstmord aus. Unter dem Ast, an dem der Tote hing, ist ein etwa 85 Zentimeter hoher Stapel aus Birkenstämmen aufgeschichtet. Darauf stehend könnte der Lebensmüde das Seil befestigt haben. Kampfspuren sind nicht zu finden. Nichts deutet auf eine Fremdeinwirkung hin, deshalb wird der Fall nicht an die Mordkommission abgegeben, sondern in der Polizeidirektion 2 weiterbearbeitet.

Besonders gründlich suchen die Polizisten den Fundort nicht ab. Erst am nächsten Tag stoßen sie bei einer erneuten Begehung auf drei durchtrennte Reste des Kunststoffseils in der Nähe der Eiche. Doch Werkzeug, mit dem das Seil hätte durchschnitten werden können, entdecken sie nicht. Stutzig macht das offenbar niemanden.

Bei einer Obduktion des Toten am 4. Oktober stellt der Rechtsmedizin-Professor Volkmar Schneider fest, dass es keine Anhaltspunkte für ein Fremdverschulden gibt. Das Ermittlungsverfahren wird am 15. Oktober eingestellt. Die Identität des Toten aber ist noch immer nicht geklärt. Der in Hamburg lebende Rudolf Petroll weiß zu dieser Zeit noch nichts über das Schicksal seines Sohnes. Dass es sich bei dem Toten um den vielleicht wichtigsten Zeugen im Berliner Bankenskandal handelt, um den ehemaligen EDV-Chef der Unternehmensgruppe Aubis, erfahren die Ermittler erst Ende November, als sie endlich einer Vermisstenanzeige des Vaters nachgehen. Daraufhin nimmt eine Mordkommission die Ermittlungen wieder auf.

Mit dem Namen Aubis verbindet sich der Beginn des Berliner Bankenskandals. Im Februar 2001 wurde bekannt, dass die beiden Aubis-Chefs – die früheren CDU-Politiker Klaus-Hermann Wienhold und Christian Neuling – 1995 dem damaligen CDU-Fraktionsvorsitzenden und Vorstandschef der Berlin Hyp, Klaus-Rüdiger Landowsky, 40 000 Mark in bar übergeben hatten. Zeitnah zu dieser Spende an Landowsky, die nicht verbucht wurde, hatte Aubis Kreditzusagen von der Berlin Hyp erhalten – bis September 1999 beliefen sich die Kredite auf 700 Millionen Mark. Aubis kaufte rund 14 000 Plattenbauwohnungen in den neuen Ländern und wollte diese sanieren. Die Rechnung ging aber nicht auf, man geriet wirtschaftlich in Bedrängnis. Die Bank ließ die Firma jedoch nicht in die Insolvenz gehen, sondern übernahm die Bewirtschaftung der Gebäude durch eigene Tochterunternehmen. Dieses Immobiliengeschäft trug schließlich zur Schieflage der Bankgesellschaft bei.

Lars Oliver Petroll war seit Frühjahr 1998 bei Aubis beschäftigt, wo er sich schnell zum Chef der Datenverarbeitung hochgearbeitet hatte. Er hatte Zugriff auf die gesamte Informationstechnik und dadurch auch Einblick in Geschäftsgeheimnisse und alle Überweisungen. Petroll nutzte seine Position offenbar, um heimlich Kopien bedeutsamer und möglicherweise belastender Daten zu machen. Schon 2000 soll er davon gesprochen haben, dass er genug Wissen besitze, um seine Chefs ins Schwitzen zu bringen.

Als die Bankenaffäre im Frühjahr 2001 in Berlin Stadtgespräch ist, sind Informationen über Aubis von besonderem Interesse. Es ist die Zeit, in der ein erster Untersuchungsausschuss des Abgeordnetenhauses versucht, die Vorgänge bei der Bankgesellschaft aufzuklären. Lars Oliver Petroll, der seit Anfang 2000 neben der Aubis-EDV auch das Firmen-Callcenter betreut, fühlt sich zunehmend bedroht, wie sein Vater berichtet. Irgendwann im Juni erscheint der Computerspezialist nicht mehr zur Arbeit. Er will sich mit einem Internetcafé in Charlottenburg selbstständig machen und nimmt dafür einen Kredit in Höhe von rund 50 000 Mark auf. Wenig später versucht er, aus seinem gesammelten Aubis-Material Kapital zu schlagen.

Unter dem Pseudonym Schmidtmeyer nimmt Petroll Kontakt zu dem Rechtsanwalt Hans-Christian Lauritzen auf, der für die Berlin Hyp die Übernahme der Aubis-Wohnungen begleitet hat. Die beiden Männer verabreden sich für den 11. Juli in einem Restaurant. Dort schildert Petroll, dass er sich von Aubis gelöst habe. Der 32-Jährige wirkt auf sein Gegenüber nervös und meint, dass er sich bedroht fühle. Petroll behauptet, dass er im Besitz wesentlicher Teile der Sicherungsdisketten aus der Aubis-EDV sei. Als Beweis zeigt er eine Aktennotiz über umstrittene Wärmelieferungen der Leipziger Firma Elpag für die von der Bank übernommenen Wohnungen – später wird dieses Geschäft noch vor Gericht eine Rolle spielen. Petroll will sein Wissen verkaufen. Eine Summe für das Material nennt er aber nicht. Er sagt, der Kaufpreis müsse ausreichend sein, um sich im Ausland eine neue Existenz aufbauen zu können. Der Anwalt der Berlin Hyp vertröstet seinen Gesprächspartner.

Zwei Tage später gehen auf Petrolls Konto 10 000 Mark von Wienhold und Neuling ein, obwohl er zu diesem Zeitpunkt schon nicht mehr für Aubis tätig ist. Möglicherweise hat er Wienhold und Neuling erpresst. Einen Beweis dafür gibt es nicht. Petroll soll die Überweisung mit der Bemerkung, dies sei der »Judaskuss«, kommentiert haben. Nach Darstellung von Wienhold kann von einer Erpressung aber keine Rede sein. In einem Brief auf Aubis-Papier schreibt dieser im Dezember 2001 an die Staatsanwaltschaft, das Verhältnis zwischen Herrn Petroll und den Aubis-Verantwortlichen sowie den Mitarbeitern sei bis zum 9. Juli, als sich Petroll für einen Urlaub abmeldete, »völlig ungetrübt« gewesen. Von Juni bis zum 9. Juli habe das Unternehmen mit Petroll über eine Fortführung der Zusammenarbeit verhandelt. »Dabei konnte volle Einigung erzielt werden«, so Wienhold. Ein neuer Arbeitsvertrag habe unterschriftsreif vorgelegen. »Bedauerlicherweise« habe es seit dem 9. Juli keinen Kontakt mehr zu Petroll gegeben, so der Aubis-Chef. »Von daher ergibt sich logisch, dass wir Herrn Petroll auch nicht bedroht haben können.«

Aus Sicht von Lars Oliver Petroll stellte sich dieser Sachverhalt anders dar, wie sich anhand der Akten rekonstruieren lässt. Aus Angst vor den Aubis-Leuten benutzte er im Sommer 2001 seine Wohnung in der Osnabrücker Straße in Charlottenburg nicht mehr, sondern übernachtete an wechselnden Orten bei Freunden in Hamburg, Hildesheim und Berlin. Die Pläne für sein Internetcafé verfolgte er nicht mehr weiter. Das Material über Aubis versteckte Petroll an verschiedenen Stellen, unter anderem in einer Reisetasche, die er am 21. Juli in der Gepäckaufbewahrung am Flughafen Tegel abgab.

Aus dem von Petroll geplanten Verkauf des Aubis-Materials an die Berlin Hyp wird jedoch nichts. Die Bank ermittelt indes auf eigene Initiative, wer hinter dem Pseudonym Schmidtmeyer stecken könnte, unter dem ihr das Material angeboten wurde. Dabei kommt die Bank zu dem Schluss, dass es sich nur um Lars Oliver Petroll handeln kann. Dies wird der Staatsanwaltschaft schriftlich mitgeteilt. Die Staatsanwaltschaft nimmt das Schreiben zu den Akten und erwirkt einen

Durchsuchungsbeschluss für die Wohnung Petrolls. Bei der Durchsuchung am 4. September 2001 stellen die Polizisten Disketten mit Aubis-Daten sicher und stoßen auf einen Tresor. Aus Unterlagen, die darin liegen, ergibt sich, dass Petroll sein Wissen der Berlin Hyp zum Kauf angeboten hat. Alles kommt ordentlich in die Akten, mitsamt Petrolls Namen – ein vielleicht fataler Fehler.

Denn am 19. September erhalten die Anwälte von Wienhold und Neuling im Rahmen eines Strafverfahrens gegen die Aubis-Chefs wegen der umstrittenen Wärmelieferungen Akteneinsicht. Dabei können sie lesen, dass Lars Oliver Petroll mit der Gegenseite über den Verkauf seines Wissens verhandelt hat. Und noch mehr Informationen gelangen in die Hände der Firma: Nachdem Petroll die Reisetasche vom Flughafen Tegel nicht abholt, kommt das Gepäckstück nach Ablauf der Aufbewahrungsfrist am 19. September ins Zentrale Fundbüro am Tempelhofer Damm. Dort prüfen die Mitarbeiter, ob sich in der Tasche ein Hinweis auf den Besitzer finden lässt. Und sie werden fündig: Auf Umschlägen stehen unter anderem die Namen eines Elpag-Geschäftsführers sowie der Firma Aubis. Eine Mitarbeiterin ruft daraufhin bei Aubis an und informiert über den Fund. Dort bedankt man sich. Der Elpag-Geschäftsführer lässt die Tasche am 26. September abholen. Ihr Inhalt besteht aus Sicherungsbändern mit der Aufschrift »Aubis« und Briefen. Nun gibt es nicht nur den Beweis, dass Petroll der Gegenseite Material angeboten hat, sondern auch, dass er das Material bereits beiseite geschafft hat. Das geschieht drei Tage bevor Petroll tot gefunden wird.

Das letzte Lebenszeichen des 32-Jährigen stammt vom 28. September. Zwischen 18 und 19 Uhr ruft er einen Freund an, bei dem er zuletzt gewohnt hat, und teilt ihm mit, er wolle sich mit einer ehemaligen Freundin, einer früheren Aubis-Sekretärin, in Charlottenburg treffen. Am Tag darauf hängt er an dem Baum im Grunewald.

Zwar übernimmt Ende November 2001 eine Mordkommission die Ermittlungen, doch bereits Mitte Dezember legen sich die Beamten fest. »Die bisherigen Ermittlungen sprechen eindeutig für eine Selbsttötung«, heißt es in einem Bericht. Die Freundin, mit der sich Lars Oliver Petroll am Abend des 28. September treffen wollte, kann nichts Erhellendes beitragen. Sie erklärt, dass es keine Verabredung und kein Treffen gegeben habe. Sie habe am 27. September zum letzten Mal mit Petroll telefoniert.

Der Rechtsmediziner Schneider, der um eine ergänzende Stellungnahme gebeten wird, kommt am 12. Dezember zu dem Schluss, dass sich die Befunde des Toten »mit der Annahme eines suizidalen Erhängens in Einklang bringen« lassen. »Befunde, die zwingend an eine andere Deutung denken lassen, sind nicht erkennbar«, ergänzt er. Stricke mit Henkersknoten seien in der Vergangenheit auch von Selbstmördern verwendet worden. Daraus lasse sich kein Rückschluss auf eine Tötung durch fremde Hand ziehen. Für die Staatsanwaltschaft ist der Fall am 23. Mai 2002 abgeschlossen. Sie geht von Selbstmord aus, das Ermittlungsverfahren wird eingestellt.

Für den Rechtsanwalt des Vaters, den früheren Berliner Justizsenator und Grünen-Politiker Wolfgang Wieland, ist diese Entscheidung nicht nachvollziehbar. Er zweifelt an der These vom Selbstmord. »Lars Oliver Petroll wird von allen, die ihn kannten, als äußerst kommunikativ beschrieben, als Computerfreak mit großem Freundeskreis, der gerne Highlife machte und durchaus verschiedenen Frauen sein Herz schenkte.« Er sei kein »Trauerkloß oder Grübler« gewesen, »der seinem Leben ein Ende setzt«.

Die Schulden, die der 32-Jährige angehäuft hatte, scheiden aus Sicht seines Vaters als Motiv für einen Selbstmord auch aus. Er hätte seinem Sohn geholfen, wie er es bereits in der Vergangenheit getan habe, sagt Rudolf Petroll. Der Tote war zudem keineswegs bindungslos: In Hamburg hatte er eine Tochter, mit der er sich regelmäßig traf. Zum Zeitpunkt seines Todes war sie acht Jahre alt. Die Staatsanwaltschaft zeichnet von dem Aubis-EDV-Leiter dagegen das Bild eines »einsamen, im Grunde introvertierten, manisch-depressiven Menschen«, dessen Projekte gescheitert seien und der am Ende hochverschuldet gewesen sei. Für Wienhold und Neuling wäre es ein Leichtes gewesen, hohe Geldforderungen Petrolls zu erfüllen, führt die Staatsanwaltschaft aus. Wegen ihrer Erfahrungen im Zusammenhang mit der Bearbeitung von Kapitalverbrechen – Wienhold war früher bei der Zweiten Mordkommission tätig – habe es sich für die Aubis-Chefs nach Darstellung der Staatsanwaltschaft verboten, Petroll gewaltsam aus dem Weg räumen zu lassen. Denn damit hätten sie sich einem ungeheuren Ermittlungsdruck ausgesetzt. Zudem bestreitet Wienhold im Namen von Aubis, Petroll jemals bedroht zu haben.

Deutliche Kritik an den Ermittlungen übt jedoch ein Strafrichter, der für den Bankgesellschafts-Untersuchungsausschuss des Abgeordnetenhauses den Fall Petroll unter die Lupe nimmt. In einem Bericht vom 10. Oktober 2003 schreibt er, es zeuge von »einer nur als schlampig zu bezeichnenden Tatortarbeit«, dass offenbar Teile des Seiles erst am Tag nach dem Auffinden der Leiche sichergestellt wurden. Wenig besser sei der Umstand, dass dieser Fund nicht dazu diente, die Selbsttötungstheorie infrage zu stellen und zum Beispiel nach DNA-Spuren an den vier Seilstücken zu suchen. Stattdessen sei zugelassen worden, dass das längste – zur Strangulation verwendete – Seilstück vernichtet wurde und somit als Beweisstück nicht mehr zur Verfügung stehe.

»Tatsächlich bieten die Umstände des Leichenfundes sowohl Anhaltspunkte für eine Selbsttötung als auch für einen Mord«, resümiert der Richter. Insbesondere das offenbar zerschnittene Seil spreche »für die Anwesenheit mindestens einer weiteren Person, die auch Gegenstände aus dem Besitz des Toten – nämlich sein Handy und ein Allzweckwerkzeug der Marke ›Leatherman‹ – an sich genommen haben könnte«. Nach Angaben des Vaters des Verstorbenen sind diese Gegenstände verschwunden. Der Ausweis Petrolls wird später in der Wohnung gefunden, in der er zuletzt gelebt hat.

Denkbar ist nach Darstellung des Richters, dass Petroll auf dem Weg zu seiner Ex-Freundin am 28. September 2001 nach 18 Uhr von einem oder mehreren Unbekannten abgefangen und dann mit Waffengewalt gezwungen wurde, bis in den Wald zu dem möglicherweise vorbereiteten Hinrichtungsort mitzukommen, den Holzstapel zu erklimmen und sich schließlich selbst die Schlinge um den Hals zu legen.

Für einen Mord spricht nach Meinung des Richters unter anderem, dass ein Zeuge im August 2001 wiederum von einem anderen Zeugen gehört haben will, dass Petroll angeblich Wienhold erpresst und damit gedroht habe, sein Wissen der Bank und der Staatsanwaltschaft zugänglich zu machen. Außerdem soll er gesagt haben, dass er diesen Erpressungsversuch vielleicht nicht überleben werde.

Für einen Selbstmord spreche hingegen, dass an der Leiche keine Hinweise auf Gegenwehr gefunden worden seien und dass das Zurücklassen der Seilreste einen groben Fehler des Mörders darstellen würde. Doch das zertrennte Seil zwingt nach Meinung des Richters dazu, das Ermittlungsverfahren wieder aufzunehmen.

Nach diesem Bericht vernahm der Bankgesellschafts-Untersuchungsausschuss dann selbst mehrere Zeugen zum Tode Petrolls. Der Ausschussvorsitzende Frank Zimmermann von der SPD teilte nach Abschluss der Zeugenvernehmung im Frühjahr 2004 mit, dass die Zweifel des Ausschusses an einem Suizid bestätigt, »bei einer Mehrheit des Ausschusses sogar eher verstärkt« worden seien. Die Zeugenvernehmung habe ergeben, dass sich wenige Tage nach dem Verschwinden von Petroll mindestens eine Person aus dem Aubis-Umfeld bei dem Freund, bei dem dieser zuletzt gewohnt hat, nach einem »Päckchen« mit möglicherweise belastenden Datenträgern aus der Aubis-EDV erkundigte. Bei diesem Besuch soll die Person auch Spekulationen über eine mögliche Selbsttötung Petrolls angestellt haben – lange bevor der Tote identifiziert war. Der Untersuchungsausschuss hat seine Akten an die Staatsanwaltschaft übermittelt, damit diese eine mögliche Wiederaufnahme der Ermittlungen prüfen kann. Ziel sei es zu verhindern, so Zimmermann, »dass ein in Wahrheit ungeklärter Todesfall als klarer Suizid zu den Akten gelegt wird«.

Wolfgang Wieland sieht das genauso. Für ihn sind viele Fragen offen. »Wie ist Lars Oliver Petroll überhaupt in den Grunewald gekommen? Man hat kein Auto gefunden, kein BVG-Ticket. Es ist kein Taxifahrer aufgetaucht, der sagt, dass er ihn dorthin gefahren hat.« Man hätte in der Fernsehsendung »Aktenzeichen XY« nach Zeugen suchen können, man hätte versuchen können, den angeblichen Selbstmord unter Echtzeitbedingungen zu rekonstruieren, also nach Sonnenuntergang, ohne Taschenlampe. Wie unzureichend die Ermittlungen verliefen, bringen auch Recherchen von Journalisten des Fernsehmagazins »Kontraste« zu Tage. Auf einem von Petrolls Handys, für das sich die Ermittler nicht interessieren, fanden die Journalisten eine an Petroll gerichtete SMS: »Warum soll dich einer killen?«

Trotz all der offenen Fragen ist eine Wiederaufnahme des Verfahrens zurzeit nicht zu erwarten. Der Sprecher der Staatsanwaltschaft, Michael Grunwald, erklärt im Sommer 2004, die Erkenntnisse des Untersuchungsausschusses hätten bislang nicht zu einer geänderten Einschätzung durch die Staatsanwaltschaft geführt.

Dass sich die Aubis-Verantwortlichen im Jahr 2001 durchaus vor Enthüllungen ihres Geschäftsgebarens fürchten mussten, zeigen indes Ermittlungen in anderer Sache. Diese führten dazu, dass Wienhold Ende Oktober 2003 wegen Betrugs an Mietern zu einer Geldstrafe von 50 000 Euro verurteilt wurde. Anlass dafür waren überhöhte Betriebskostenabrechnungen.

Seit März 2004 müssen sich Wienhold und Neuling vor dem Berliner Landgericht wegen eines weiteren Vorwurfs verantworten. Sie sind wegen Betrugs zu Lasten der Berlin Hyp angeklagt. Die Aubis-Chefs sollen von überhöhten Preisen für Wärmelieferungen der Elpag an die früheren Aubis-Wohnungen profitiert haben. Die Angeklagten weisen dies zurück. Der Bank soll nach Darstellung der Staatsanwaltschaft ein Schaden von 800 000 Euro entstanden sein. Wegen der langjährigen Laufzeit der Wärmelieferungen soll zudem ein weiterer Schaden von 15 Millionen Euro gedroht haben. Das Material, das Lars Oliver Petroll im Juli 2001 der Berlin Hyp anbot, betraf genau diese Wärmelieferungen.

Ulrich Paul

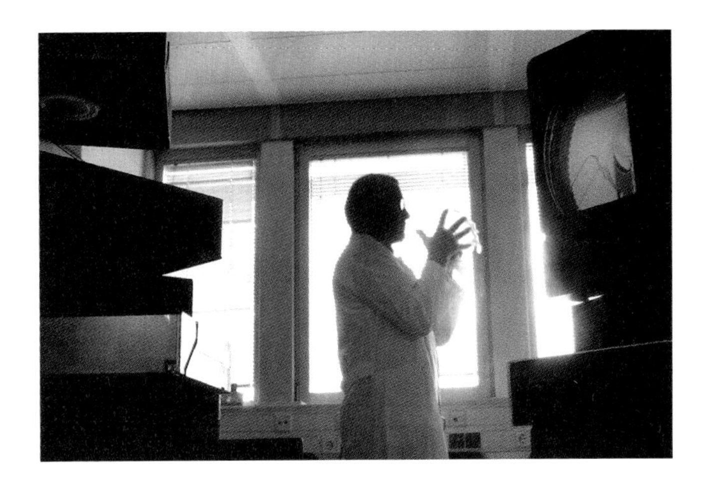

Doktor Porno

»Zunächst das Wichtigste: Ich habe in meinem Leben niemals einen Menschen umgebracht. Die Mädchen auf den Videos waren nur narkotisiert, sind alle wieder nach ein paar Stunden aufgestanden. Ich gehe nicht als Mörder hinüber.« So Fred Wetzer* im Juni 1996 in einem Brief aus dem brasilianischen Gefängnis an seine Schwester.

Endlich Sommer! Es ist Sonnabend, der 25. Juni 1994 und das erste heiße Wochenende des Jahres. Um kurz vor 16 Uhr paddelt Uwe Tewes* den Oder-Havel-Kanal entlang. Zwischen Borgsdorf und Hohen Neuendorf in der Nähe des Yachthafens Havelbaude reduziert er seine Schlagzahl: Er sieht vor sich etwas auf dem Wasser treiben, langsam nähert er sich. Dann aber, als er erkennt, was es ist, paddelt er schnell weg in Richtung Ufer. Er ist entsetzt – vor dem Bug seines Schiffes treibt eine weibliche Brust. An Land ruft Tewes die Polizei. Kurz darauf finden Beamte der Wasserschutzpolizei weitere Leichenteile im Kanal.

Noch gehen die Ermittler von einem Badeunfall aus. Eine Frau könnte beim Schwimmen in eine Schiffsschraube gekommen sein. Das ist schlimm, aber so etwas passiert im Hochsommer. Drei Tage später aber wird diese Arbeitshypothese verworfen – aus dem vermeintlichen Badeunfall wird ein Mord. Denn nun finden Polizisten Stücke von Armen und Beinen im Kanal. Die Leichenteile sind in Kopfkissenbezüge eingewickelt.

Schließlich fischen die Beamten den Kopf einer jungen Frau aus dem Wasser – ein Kopf mit mittellangen kastanienbraunen Haaren, die zu einem Knoten gebunden sind. Rechtsmediziner setzen die gefundenen Teile wieder zu einem Körper zusammen – bis auf einige innere Organe ist die Leiche vollständig. Die Frau, so stellen die Mediziner fest, wurde mit einem äußerst scharfen Gegenstand zerstückelt und vermutlich von der nahen Autobahnbrücke ins Wasser geworfen.

Wer die Tote ist, bleibt zunächst unklar. Auch vom Täter gibt es keine Spur. Die Fingerabdrücke der Toten werden im Bundeskriminalamt (BKA) mit gespeicherten Abdrücken verglichen, ohne Erfolg. Die Polizei überprüft 40 Vermisstenanzeigen aus dem Raum Berlin/Brandenburg. Dann wird in den Vermisstendateien ganz Europas gesucht – nichts.

Erst als der Fall im Oktober 1994 in der Fernsehsendung »Aktenzeichen XY ungelöst« ausgestrahlt und dabei ein Bild gesendet wird, das zeigt, wie die Tote zu Lebzeiten ausgesehen haben könnte, meldet sich eine Frau. Das Bild, sagt sie, sehe ihrer Tochter Daniela Friedrich* sehr ähnlich. Anfang Juni habe sie diese das letzte Mal gesehen.

Die 23-jährige Daniela Friedrich aus Moabit hat als Prostituierte gearbeitet, sie war drogenabhängig und für die Polizei keine Unbekannte. Ihre Fingerabdrücke müssten also beim BKA gespeichert sein. Sie sind es tatsächlich, wie sich herausstellt. Die Fingerabdrücke der Toten werden nun nochmals mit den gespeicherten von Daniela Friedrich verglichen – diesmal meldet der Computer einen Treffer. Beim ersten Vergleich sei nicht beachtet worden, dass sich der Abdruck der Toten durch das Liegen im Wasser in seiner Größe veränderte, begründet ein Experte den ersten Fehlversuch.

Nun ist die Tote identifiziert, der Täter aber noch nicht gefunden. Lange Zeit fahndet die Erste Mordkommission in Berlin vergeblich nach dem Mörder der Prostituierten vom Straßenstrich. Die Ermittler finden nicht einmal den Ort, an dem Daniela Friedrich umgebracht wurde. Erst als rund zwei Jahre nach dem Fund der Leiche ein Unbekannter bei einer Stuttgarter Polizeiwache ein Videoband abgibt und gleich wieder verschwindet, kommen die Berliner Fahnder weiter. Der Film zeigt eine entsetzliche Szene: Ein Mann vergewaltigt eine junge Frau, bringt sie um, zerstückelt deren Leiche. Bei der Frau auf dem Video – das ist den Beamten schnell klar – handelt es sich um Daniela Friedrich. Auch den Täter können die Ermittler identifizieren. Es ist der 53-jährige Arzt Fred Wetzer, der kein Unbekannter für die Polizei in Baden-Württemberg ist. Schließlich finden die Kriminalbeamten auch den Tatort: ein Haus am Schönerlinder Weg in Berlin-Karow. Dort ist Fred Wetzer polizeilich gemeldet.

Sofort durchsuchen die Ermittler das Haus, finden Wetzer dort aber nicht. Stattdessen entdecken sie weitere Beweise dafür, dass der Arzt die junge Prostituierte gefoltert, umgebracht und zerstückelt hat. Sie stellen eine Hängematte mit zwei Löchern sicher. Offenbar mussten sich Frauen bäuchlings in die Matte legen und ihre Brüste durch die Löcher stecken. Dann wurden sie gequält, mit Gewichten und Nadeln.

Am 12. Juni 1996 wird in Berlin gegen Fred Wetzer Haftbefehl wegen Mordes erlassen. Er wird beschuldigt, »einen Menschen zur Befriedigung des Geschlechtstriebes getötet zu haben«. Nach Ansicht der Ermittler hat Wetzer die Prostituierte am Abend des 23. Juni 1994 auf dem Straßenstrich in der Kurfürstenstraße getroffen. Er nahm sie mit in sein Haus, wo der Mediziner der 23-Jährigen eine Überdosis Betäubungsmittel einflößte. Daniela Friedrich starb daran. »Anschließend nahm der Beschuldigte am Leichnam der Frau sexuelle Handlungen vor. Schließlich zerteilte er die Leiche und warf die Leichenteile in den Oder-Havel-Kanal«, heißt es in dem Haftbefehl.

Doch die Mordkommission kann Wetzer nicht verhaften. Der Arzt war nach der Tat nach Südamerika geflohen, in sein Haus in Salvador.

Immerhin wissen die Beamten bald, wo der Flüchtige steckt. Seit Februar 1995 sitzt Fred Wetzer in Brasilien im Gefängnis. Auf seinem Anwesen im gutbürgerlichen Viertel Pituacu von Salvador soll er 90 Frauen gefoltert und einige von ihnen vor laufender Kamera getötet haben. Wetzer leugnet, mit dem Tod der Frauen etwas zu tun zu haben. Er gibt lediglich zu, Prostituierte in sein brasilianisches Haus gelockt und sie für Pornofilme missbraucht zu haben. Die Berliner Behörden beantragen seine Auslieferung. Sie schließen nicht aus, dass der Mann auch in Deutschland noch für weitere Morde verantwortlich gemacht werden kann.

Der Mediziner Fred Wetzer stammt aus St. Blasien im südlichen Schwarzwald. 1978 eröffnete er in Stuttgart eine Praxis. Zwölf Jahre später stellte sich heraus, dass er heimlich bei Untersuchungen Patientinnen gefilmt hat. Die Kamera hatte er in einem Koffer versteckt. 386 Videokassetten mit nackten Frauen fand die Polizei 1990 in Wetzers Wohnung, nachdem er von einer Patientin angezeigt worden war. Der Allgemeinmediziner wurde daraufhin zu einer Geldstrafe von 6000 Mark verurteilt und verlor seine Zulassung als Arzt. Wetzer – den die Boulevardpresse in Süddeutschland »Dr. Porno« nannte – verkaufte seine Villa und zog nach Berlin. 1991 erwarb er das Haus mit dem 800 Quadratmeter großen Grundstück am Schönerlinder Weg.

Am 24. Juni 1996 wurde Wetzer im Gefängnis von Salvador da Bahia ohnmächtig in seiner Zelle gefunden. Der Häftling hatte große Mengen von dem Antibiotikum Ciprofloxacin geschluckt. Es handelt sich dabei um ein Mittel gegen Infektionen mit neurologischen Nebenwirkungen. Wetzer wurde der Magen ausgepumpt, er überlebte den Selbstmordversuch.

Wenig später gab er im brasilianischen Fernsehen ein Interview. Zum Tod von Daniela Friedrich sagte Wetzer, dass sie sich den Goldenen Schuss gesetzt habe, als er nach Hause gekommen sei. Er habe Sex mit ihr gehabt, bis er bemerkt haben will, dass sie tot war. Da habe er gedacht, er könne nun seine Fantasien umsetzen. Er gab zu, die Leiche zerstückelt und die Teile in den Kanal geworfen zu haben. Zudem erzählte Wetzer, dass im Alter von 46 Jahren seine Potenz nachgelassen habe. Ein Arztkollege habe ihm damals in Stuttgart ein Mittel verschrieben, das die männliche Hormonproduktion anregt. Das Mittel habe geholfen, als Nebenwirkungen seien jedoch pubertäre Fantasien aufgetreten. Deshalb habe er damit begonnen, seine Patientinnen heimlich nackt zu filmen.

In Brasilien, dem Land, in das Wetzer schon vor seinem Umzug regelmäßig in Urlaub fuhr, drohte dem Mediziner eine lange Haftstrafe. Das Auslieferungsbegehren der Berliner Staatsanwaltschaft wurde nur schleppend bearbeitet. Am 12. Juni 1997 aber gab der Oberste Gerichtshof Brasiliens dem Berliner Begehren statt.

Wetzer wurde dies mitgeteilt. Er saß daraufhin in seiner Zelle und schrieb Briefe. Einen an seine Schwester, einen an eine Bekannte in Deutschland. Es waren Abschiedsbriefe. An seine Schwester schrieb er: »Auch dieses eine Mädchen ist nicht an mir gestorben. Ich hatte ihr 600 DM für das Video vorausbezahlt und sie hat eine größere Menge gekauft an Heroin und sich einen goldenen Schuss gesetzt.« Dann »habe ich sie zerlegt (was für einen Arzt kein großes Problem darstellt)«. Wetzer war sich offenbar keiner Schuld bewusst: »Wenn ich den Weg der langen Reise wähle, dann nicht, weil ich viel verbrochen habe.« Am 16. Juni 1997 erhängte sich der 54-jährige Arzt am Fensterkreuz seiner Zelle in Brasilien.

Katrin Bischoff

Hinrichtung beim Abendessen

Zu essen ist genug da: gekochter Fisch, gedünstetes Gemüse, gebratenes Fleisch und Reis. Dazu gibt es Bier und Schnaps, so viel die Gäste wollen. Die Gäste, das sind die Brüder Van* und Yan*. Sie prosten dem Gastgeber Hao* zu. Der erst 26 Jahre alte Chef der Tay-Hi-Bande hat an diesem Freitag, dem 15. März 1996, in seine Wohnung an der Weddinger Schwedenstraße eingeladen. Neben den Brüdern sitzen am Tisch noch sechs seiner Leute – auch sie alle Vietnamesen. Man isst, scherzt und trinkt. Es ist spät geworden.

Als Hao auf seine falsche Rolex schaut, sieht er, dass es schon 23 Uhr ist. Er ist zufrieden, bislang ist alles nach Plan verlaufen. Seine Männer sind, einer nach dem anderen, aufgestanden und kurz verschwunden. Die Gäste haben nichts bemerkt. Auch als Hao kurz das Zimmer verließ, um es seinen Komplizen nachzutun, die ihre Neun-Millimeter-Pistolen luden, wurden die beiden Brüder nicht stutzig. Warum auch? Schließlich hat man lange zusammengearbeitet beim illegalen Zigarettenhandel. In letzter Zeit aber war Hao unzufrieden mit Van und Yan, sie sollen nebenher für die Konkurrenz gearbeitet und Interna der Tay-Hi-Bande verraten haben. So etwas tut man nicht. Deshalb, so hat der stets freundlich lächelnde Hao entschieden, sei die Zeit abgelaufen für die beiden Brüder. Und deshalb nickt er nun, kurz nach 23 Uhr, seinen Leuten zu. Das ist das vereinbarte Zeichen.

Van und Yan werden es gar nicht registriert haben, und als sie merken, was für ein Spiel hier gespielt wird, ist es schon zu spät, da sind Haos Leute bereits aufgesprungen von ihren Stühlen und haben ihre Pistolen auf die Köpfe der vermeintlich Abtrünnigen gerichtet. Diskutiert wird nicht. Erklärungen oder Rechtfertigungen – Hao, der sich selbst den Spitznamen »der Barmherzige« gab, will nichts dergleichen hören. Er hat sein Urteil längst gesprochen. Und die Entscheidung eines Paten hat absolute Gültigkeit in den Reihen der vietnamesischen Zigarettenmafia. Wortlos drücken die Männer ab: Van und Yan sind sofort tot. Die Gerichtsmediziner zählen später im Schädel des einen sechs, im Kopf des anderen sieben Einschüsse.

Danach läuft alles wie zuvor besprochen. Die Untergebenen des schmächtigen, nicht mal 1,70 Meter großen Paten schaffen die Leichen fort. Hao wartet derweil auf dem Sofa. Als seine Leute zurück sind, wird angestoßen. Hao sagt stolz: »Wir haben die Schaben getötet.« Dann wird der Pate gefeiert in seiner Weddinger Mietwohnung, seine Leute applaudieren. Immerhin ist Hao der mächtigste Zigarettenpate: Er kontrolliert zwei Drittel des Marktes in Berlin und Brandenburg. Er ist aber auch für den Tod von neun Menschen verantwortlich – das jedenfalls wirft ihm mittlerweile die Staatsanwaltschaft vor. Rechtskräftig verurteilt ist er noch nicht.

Die in Decken gehüllten Leichen von Van und Yan wurden eine Woche später neben einem Feldweg in der Nähe von Protzen im Landkreis Ost-Prignitz von Spaziergängern entdeckt. Und Hao hatte sein Ziel erreicht: Der Brüdermord sprach sich unter den Vietnamesen schnell herum, die Angst vor dem »Barmherzigen« und seinen Leuten war unter den illegalen Zigarettenhändlern größer als je zuvor. Der Pate selbst war auf dem Weg, einer der berüchtigsten Mörder in der Berliner Geschichte zu werden. Einer, der nicht selbst tötet, sondern der das Morden befiehlt.

1970 wurde Hao in der Provinzhauptstadt Vinh in Mittelvietnam geboren. Einen Beruf hat er nie erlernt. Sein Geld verdiente er mit dem Verkauf von gestohlenen Mopeds. Gut liefen seine Geschäfte allerdings nicht. Deswegen war er begeistert, als er von Freunden hörte, wie gut es ihnen in Berlin gehe, wo sie unversteuerte Zigaretten an Passanten verkauften. Haos Entschluss stand fest: Da wollte er mitmischen, Geld verdienen, um dann später in Vietnam im Luxus leben zu können. Doch so wie seine Freunde als illegale Verkäufer an der Straße zu stehen, das kam für ihn nicht in Frage. Er wollte höher hinaus, andere für sich arbeiten lassen. Hao lieh sich 1994 von einem Bekannten 5000 Dollar und fuhr in die Hauptstadt Hanoi. Dort besorgte er sich ein Ticket und flog über Moskau nach Prag. Von da aus ließ er sich von Schleppern über die Grenze nach Deutschland bringen und fuhr nach Berlin.

Damals beherrschten mehrere Banden aus Nordvietnam den illegalen Zigarettenmarkt im Ostteil der Stadt. Die Gangster, meist ehemalige Soldaten der vietnamesischen Armee, erpressten von ihren Landsleuten, die auf den Straßen unverzollte Zigaretten verkauften, Standgebühren. Diese Händler waren meist in den 80er Jahren als Vertragsarbeiter in die DDR gekommen. Die Zigaretten wurden von polnischen, ukrainischen und deutschen Schmugglern geliefert, die sie meist über die polnische Grenze nach Deutschland brachten. Millionen von Stangen wurden in alten Scheunen, stillgelegten Fabrik- oder Lagerhallen im Osten Deutschlands gestapelt und von dort aus an die vietnamesischen Kleinhändler verteilt. Diese wiederum belieferten ihre Landsleute, die als Straßenverkäufer arbeiteten.

Der zugereiste Hao hatte offenbar keine Probleme, in die Mafia einzusteigen – seine Brutalität verschaffte ihm Ansehen. Bald schon wurde er stellvertretender Chef der Tay-Hi-Bande. Als sein Boss von Rivalen getötet wurde, übernahm er dessen Posten. Kurz darauf, 1995, wurde er festgenommen und saß zehn Monate lang in Untersuchungshaft. Staatsanwaltschaft und Polizei versuchten, ihm einen Mord an einem Landsmann in einem Marzahner Wohnheim nachzuweisen. Aber der Prozess platzte, weil ein Hauptbelastungszeuge spurlos verschwunden war und sich andere Zeugen nicht mehr erinnern konnten. Hao kam frei. Das steigerte sein Ansehen – seitdem trug er den Beinamen »der Unantastbare«.

Als Zigarettenpate reichte Haos Einfluss 1995 bis nach Sachsen und Sachsen-Anhalt. Mehr als 50 Untergebene gehorchten ihm. Wer sich mit der Konkurrenz einließ, dem drohte der Tod. Hao und seine Bande lebten von dem Schutzgeld beziehungsweise den Standplatzgebühren, die sie von Zigarettenhändlern erpressten. Begehrte Plätze wie an der Schönhauser Allee oder am S-Bahnhof Frankfurter Allee kosteten bis zu 3000 Mark im Monat. Den größten Teil des Geldes überwies Hao an Bekannte nach Vietnam. Sie sollten es für ihn aufbewahren.

1996 war der Pate auf dem Höhepunkt seiner Karriere. Aber – was er nicht wusste – seit dem Mord an den beiden Brüdern waren ihm die Zielfahnder des Bundeskriminalamtes auf den Fersen. Den Ermittlern gelang es jedoch nicht zu verhindern, dass am 10. Mai 1996 sechs Vietnamesen in einer Wohnung in Marzahn mit Kopfschüssen hingerichtet wurden. Hao soll die Täter geschickt haben. Er hatte drei Tage zuvor im Rahmen des Bandenkriegs einen Mann verloren und schwor auf blutige Rache. Er wollte den Chef der gegnerischen Quan-Bande erledigen. Doch dieser war verschwunden. Deshalb soll er seine Killer in die Dreizimmerwohnung nach Marzahn geschickt haben. Sie überwältigten die sechs Quan-Männer, fesselten und knebelten sie und hielten ihnen Pistolen an die Schläfen. Der Plan, den Aufenthaltsort ihres Chefs zu erfahren, ging jedoch nicht auf. Die Vietnamesen schwiegen – und mussten dafür sterben. Die Mörder feierten anschließend in einem nahe gelegenen Lokal.

Am Tag darauf ließ Hao einen seiner Bekannten erschießen. Dieser war bei ihm in Ungnade gefallen, weil er aus derselben vietnamesischen Provinz stammte, aus der auch Haos Feinde kamen. Der

Bandenchef ließ vier Killer zu sich kommen und befahl ihnen, Li* zu töten. Dieser sei ein Holzbein, sagte er. Er müsse in den Wald gebracht werden. Als »Holzbeine« werden Verräter bezeichnet. In den Wald bringen, das ist in der Vietnamesen-Mafia ein Synonym für Mord. Li wurde mit vier Kopfschüssen in einem Keller an der Friedlander Straße in Adlershof getötet. Reiter fanden seine Leiche am 13. Mai 1996 an einer Straße in der Nähe von Kleinbeeren im Landkreis Teltow-Fläming.

Acht Wochen später wurde Hao offenbar leichtsinnig. Er war auf die Idee gekommen, den Cousin des Großhändlers Hu* zu entführen und rund 100 000 Mark Lösegeld zu erpressen. Der Cousin wohnte in einem Heim an der Gehrenseestraße in Hohenschönhausen. Unter dem Vorwand, mit ihm über ein Geschäft reden zu wollen, wurde der 23-Jährige um 22 Uhr vors Haus gelockt und in einen Opel Omega gestoßen. Die Täter setzten ihm eine mit Klebeband abgedeckte Sonnenbrille auf die Nase, schlugen ihm auf den Mund und fuhren los. Haos Leute brachten ihn in die Wohnung an der Schwedenstraße. Dort wurde der Entführte gefangen gehalten. Hao drohte dem Großhändler, wenn er nicht zahle, sterbe sein Cousin. Weil er das Geld nicht besorgen konnte, alarmierte Hu am 8. Juli die Polizei. Einen Tag später stürmten schwer bewaffnete Polizisten die Wohnung und befreiten die Geisel. Einige von Haos Leuten wurden festgenommen – er selbst jedoch nicht.

Der entscheidende Tipp für seine Festnahme kam schließlich aus Sachsen. Ein Landsmann verriet, dass Hao zusammen mit seiner Freundin und seinem engsten Vertrauten in einem Appartement am Lützowufer in Tiergarten wohnte. Zwei Polizisten observierten daraufhin das Haus und sahen, wie Hao am 23. September nach Hause kam. Kurz darauf stürmte ein Spezialeinsatzkommando der Polizei die Wohnung und verhaftete den Unantastbaren. Einen Monat später ging auch sein größter Rivale der Polizei ins Netz. Damit galt die vietnamesische Zigarettenmafia in Berlin als zerschlagen.

Im April 2002 wurde Hao wegen Mordes zu lebenslanger Haft verurteilt. Fünf Jahre lang hatte der Prozess gedauert. Seine Anwälte legten gegen das Urteil Revision beim Bundesgerichtshof ein. Noch ist darüber nicht entschieden, deswegen sitzt Hao noch immer in Untersuchungshaft.

Er hat sich die Bibel ins Gefängnis bestellt und betet jetzt zu Gott. Er sei zurückhaltend und immer freundlich, sagen Mitgefangene und Aufseher. Von dem vielen erpressten Geld ist dem heute 33-Jährigen offenbar nichts geblieben. Seine Freunde in Vietnam sollen das Geld verprasst haben. Seine Freundin kehrte nach Hanoi zurück. In den ersten Monaten haben ihn zwar seine nicht verhafteten Komplizen noch im Gefängnis besucht und mit Kaffee und Tabak versorgt. Doch diese Fürsorge ist längst beendet – so wie inzwischen auch der Zigarettenkrieg in Berlin als beendet gilt. Rund 100 Menschen hat er das Leben gekostet.

Lutz Schnedelbach

Mord an der Haustür

Die Fenster im Gerichtssaal sind geschlossen, die Jalousien heruntergelassen. Dabei scheint an diesem Vormittag gar keine Sonne, und es ist stickig im Raum. Es ist der 2. Oktober 2002. Im Saal des Potsdamer Landgerichts, der im Hochparterre liegt, herrscht höchste Sicherheitsstufe. Nicht wegen der beiden Angeklagten, zwei Psychiater der Landesklinik Brandenburg, denen die Staatsanwaltschaft eine Mitschuld am Tod zweier hochbetagter Frauen vorwirft.

Es ist der Zeuge, der den Justizangestellten Kopfzerbrechen bereitet. Um 10.22 Uhr wird er hereingeführt: ein mittelgroßer, aber kräftiger Mann mit gepflegtem Schnauzbart. Er trägt blauen Anstaltsdrillich, ist an Händen und Füßen gefesselt. Der Richter lässt dem Mann zumindest die Handschellen abnehmen. Dann belehrt er ihn über seine Wahrheitspflicht. Die Bemerkung, dass eine Falschaussage sogar mit Freiheitsstrafe geahndet werden kann, quittiert der Mann im Zeugenstand mit einem kurzen Lächeln. Er hat nichts zu verlieren. Der Zeuge sitzt im Gefängnis die Höchststrafe ab: lebenslänglich mit anschließender Sicherungsverwahrung. Verurteilt wurde er wegen zweifachen Mordes, mehrfachen Raubes, Körperverletzung und Vergewaltigung.

»Sie heißen?«, fragt der Richter den Zeugen. »Rainer Sturz*.« – »Alter?« – »39 Jahre.« – »Beruf?« – »Keinen.« – »Wohnort?« – »Justizvollzugsanstalt Tegel.« – »Kennen Sie die Angeklagten?« – »Ja, aus der Landesklinik.« Sturz macht keinen gefährlichen Eindruck. Er scheint fast liebenswürdig, gibt bereitwillig Auskunft. Ein netter Kerl, dem man gerne mal einen Gefallen tut, könnte man meinen. Das haben wohl auch die alten Frauen gedacht, bei denen Sturz klingelte und um Papier und Stift für eine Nachricht bat. Aber er wollte keine Notiz schreiben, er wollte die Frauen überfallen. Das tat er auch – und zwar zu einer Zeit, zu der er eigentlich in der Landesklinik hätte sitzen sollen. Die Ärzte auf der Anklagebank hatten dem Gewaltverbrecher Ausgang gewährt. Sturz hatte diesen zur Flucht genutzt, hat dann zwölf Rentnerinnen in Berlin überfallen, einige sogar vergewaltigt. Zwei der Frauen überlebten die Attacke des Mannes nicht.

Rainer Sturz ist nach Ansicht eines Psychiaters in einer Familie »mit großem Streit- und Gewaltpotenzial aufgewachsen«. Er war Bettnässer, hatte einen Entwicklungsrückstand von zwei Jahren. Schon früh wurde er straffällig.

Als 17-Jähriger wurde Sturz – noch in der DDR – erstmals verurteilt, wegen Diebstahls und sexueller Nötigung. Damals, 1980, war er jungen Mädchen, die ihm gefielen, in deren Wohnung gefolgt, hatte sie aufgefordert, ihn zu küssen, und sie, wenn sie dies nicht taten, mit einem Messer bedroht. Im September 1982 wurde Sturz dann aus der Jugendhaft entlassen. Sechs Wochen lang blieb er auf freiem Fuß, dann wurde er wieder gefasst, wieder verurteilt. Diesmal wegen mehrfacher versuchter Vergewaltigung zu zweieinhalb Jahren Haft. Nach seiner Entlassung Ende November 1985 blieb er gerade mal bis Anfang Januar 1986 in Freiheit, dann verhaftete ihn die Polizei erneut. Wegen sexueller Nötigung wurde er zu anderthalb Jahren Gefängnis und anschließender Einweisung in die Psychiatrie verurteilt. Doch Sturz blieb nur kurz in der Psychiatrie. Nach drei Wochen floh er, wurde bald wieder rückfällig und bald wieder verurteilt: 1988 erhielt er wegen räuberischer Erpressung und mehrfacher versuchter Vergewaltigung zehn Jahre Haft. Eines seiner Opfer soll die Tochter einer Staatsanwältin beim Generalstaatsanwalt der DDR gewesen sein.

Nach Verbüßung der Haft sollte Sturz, so verfügten es die Richter in der DDR, in der Psychiatrie untergebracht werden. 1997 war es soweit, die Haftstrafe war verbüßt. Sturz sollte in die geschlossene Psychiatrie kommen. Doch schon 1995 stellte das Bundesverfassungsgericht fest, dass Einweisungen in die Psychiatrie nach DDR-Recht mit dem bundesdeutschen Recht nicht vereinbar seien. Deshalb wurde Sturz erneut begutachtet. Ein Sachverständiger stellte bei ihm eine gravierende Persönlichkeitsstörung fest. Zudem sei die Prognose für den Inhaftierten ungünstig. Mit Lockerungen bei der psychiatrischen Unterbringung sei äußerst vorsichtig umzugehen.

Mit Beschluss des Amtsgerichts Brandenburg vom 18. Juli 1997 wurde Sturz dann vom Gefängnis direkt in die Landesklinik überstellt. Die Begründung: Von ihm gehe eine unmittelbare Gefahr für Leib und Leben anderer Personen aus. Er war einer von drei Gewalttätern aus DDR-Zeiten, die in Brandenburg nach der Wende nicht in dem für psychisch kranke Straftäter vorgesehenen, besonders gesicherten Maßregelvollzug untergebracht wurden, sondern in normale Stationen der Akutpsychiatrie kamen.

Die Station 6 der Landesklinik Brandenburg ist die geschlossene Abteilung. Dorthin wurde Sturz gebracht. Die Fenster haben Gitter, und die Türen zum Treppenhaus sind verschlossen. Nach zwei Wochen wurde ihm Ausgang bewilligt, er wurde dabei von einem Pfleger begleitet. »Aber es gab überhaupt keine Therapie«, erklärt Sturz im Prozess gegen seine Ärzte. Er habe auf Station 6 entweder im Fernsehraum oder im Raucherzimmer sitzen und seinen Tag verbringen können. Sturz wollte ins Haus 12. Dort gibt es eine Beschäftigungstherapie: Malen, Basteln, Fahrräder Reparieren. Am 15. August 1997 kam er in dieses Haus, an dem keine Gitter vor den Fenstern sind. Sturz durfte sich auf dem Klinikgelände frei bewegen – täglich bis 22 Uhr, dann musste er zurück sein.

»Nach zehn Tagen hatte ich aber das Gefühl, dass ich dort nicht hingehöre«, sagt Sturz als Zeuge vor Gericht. Er habe kein Vertrauen zu den Ärzten und zudem Stress mit Mitpatienten gehabt. »Da war ein Patient, der ist mit Frauenkleidern herumgelaufen. Der hat sich abends im Bett geirrt und kam zu mir. Das hat unheimliche Wut in mir aufgebaut«, erzählt Sturz. Er wurde daraufhin auf eine andere Station verlegt. Von dort gelang ihm kurz darauf die Flucht. Aber die Polizei fasste ihn bald wieder – bei seiner Freundin in Berlin. Das wiederholte sich mehrmals. Sturz haute ab, unter anderem weil er das dringende Bedürfnis nach Sex mit seiner Freundin gehabt habe, wie er vor Gericht sagt.

Am 5. Februar 1998 floh Sturz mal wieder zu seiner Freundin. Weil er Geld brauchte, raubte er alte Frauen in Berlin aus. Er wurde erwischt und vom Amtsgericht Moabit zu sieben Monaten Haft verurteilt. Nach Verbüßung dieser Strafe kam Sturz am 24. September 1998 zurück in die brandenburgische Psychiatrie. Als ganz normaler Patient.

Und obwohl eine Ärztin vor einer erneuten Flucht von Sturz warnte, schrieb der Oberarzt in die Krankenakte: »Dennoch Ausgang.« Am 4. Oktober 1998 verschwand der Patient erneut nach einem Ausgang vom Klinikgelände. Diesmal blieb er acht Monate lang verschwunden.

Erst später stellte sich heraus, was er in dieser Zeit getan hat: Er lebte wieder zusammen mit seiner Freundin, wo ihn die Polizei jedoch zunächst nicht zu fassen kriegte, und er wurde zum Serienverbrecher, beging eine schwere Straftat nach der anderen.

Am 28. Dezember 1998 um 21 Uhr kommt Sturz mit einem zuvor gestohlenen Schlüssel in die Wohnung einer 90-Jährigen in Prenzlauer Berg. Er schlägt der alten Frau mehrfach mit der Faust ins Gesicht, würgt und fesselt sie, durchwühlt die Wohnung und nimmt das Geld, das er findet, mit. Am 24. Februar 1999 folgt Sturz dann einer 96-jährigen Frau bis zu deren Wohnung in der Immanuelkirchstraße in Prenzlauer Berg. Er prügelt auf sie ein, raubt sie aus. Und er kommt wieder: Sechs Wochen später, am 9. April, überfällt er die Frau erneut, wieder in ihrer Wohnung. Wieder raubt er sie aus, doch diesmal vergewaltigt er die hochbetagte Frau auch noch.

Am Nachmittag des 4. März klingelt Sturz dann an der Tür einer 87-Jährigen in der Grünberger Straße in Friedrichshain. Er bittet um Stift und Papier, um einer Bekannten eine Nachricht zu hinterlassen. Als sich die Frau von ihm abwendet, um das Gewünschte zu holen, würgt Sturz sie von hinten, schlägt sie auf den Hinterkopf. Die Rentnerin stürzt und lebt seither in einem »depressiv-psychopatischen Zustand«.

Drei Wochen später begeht Sturz seinen ersten Mord. Am 25. März 1999 folgt er einer 90-Jährigen in deren Wohnung in der Fritz-Kirsch-Zeile in Köpenick. Wieder will er Papier und Stift. Wieder würgt er die Frau von hinten, schlägt auf sie ein. Dann fesselt er die Rentnerin und tritt auf die am Boden liegende Frau ein – zwei Monate später stirbt sie an ihren Verletzungen im Krankenhaus. Sturz hat bei ihr 300 Mark erbeutet.

Das Geld reicht ihm nicht lange. Am 23. April klingelt er an der Tür einer 89-Jährigen in der Weserstraße in Friedrichshain, würgt sie, schlägt sie nieder, tritt sie. Seine Beute: das Portmonee der Frau. Kurz darauf, am 6. Mai, sucht sich Sturz die nächste Frau als Opfer, eine 83-Jährige aus der Gärtnerstraße in Friedrichshain. Sie schlägt er nicht nur zusammen, er flößt ihr auch noch Schlaftabletten ein, nachdem er sie ausgeraubt hat. Am 14. Mai steht Sturz dann vor der Wohnungstür einer 89-Jährigen in Lichtenberg und wiederholt sein grausames Vorgehen. Wieder bleibt eine Rentnerin schwer verletzt zurück, wieder flüchtet der Täter mit ein paar Mark. Das Gleiche tut er vier Tage später einer 90-Jährigen in Prenzlauer Berg an. Und noch am gleichen Tag überfällt er eine 88-Jährige in ihrer Wohnung, würgt sie und sticht ihr mit einem Messer in den Hals.

Am 7. Juni geht die Überfallserie weiter – mit zwei brutalen Taten an einem Tag. Sturz raubt zuerst eine 88-jährige und dann eine 90-jährige Frau aus, der er Schlaftabletten einflößt und bei der er 4000 Mark erbeutet. Die 90-Jährige überlebt den Überfall nicht, sie stirbt am Abend im Krankenhaus.

Vergeblich suchte die Polizei nach dem Räuber, Vergewaltiger und Mörder, der es immer auf sehr alte Frauen abgesehen hatte. Schließlich kamen die Ermittler dem Täter durch eine gestohlene Kreditkarte auf die Schliche, die er mitsamt Geheimnummer bei einem seiner Opfer erbeutete. Beim Abheben an einem Geldautomaten wurde Rainer Sturz gefilmt. Die Aufnahmen waren zwar schlecht, doch die Polizei gab das Foto des Mannes am 14. Juni an die Öffentlichkeit. Auch das Foto, das ihn auf einem auffälligen Rennrad beim Wegfahren von der Bank zeigt. Ein Zeuge erkannte das Rennrad wieder und konnte auf den Besitzer verweisen.

Am 15. Juni 1999 wurde Rainer Sturz schließlich in seiner Friedrichshainer Wohnung festgenommen, wo er mit seiner Freundin und seiner sechs Monate alten Tochter lebte. Das Rennrad hatte er kurz vor seiner Festnahme in einem Teich versenkt. Dort wurde es wenige Tage später von der Polizei gefunden. Das Landgericht Berlin verurteilte Rainer Sturz zu lebenslanger Haft mit anschließender Sicherungsverwahrung.

Die Ärzte, die ihm den Ausgang gewährten, wurden vom Landgericht Potsdam freigesprochen. Es könne nicht zweifelsfrei ausgeschlossen werden, dass Sturz auch ohne Ausgangserlaubnis geflohen wäre, begründete der Richter das Urteil. Schließlich hatte Sturz schon zweimal die denkmalgeschützten Fenstergitter auseinandergebogen und war geflüchtet. Doch der Bundesgerichtshof hob das Urteil auf. Nun muss neu verhandelt werden. *Katrin Bischoff*

48 Tage

»Wir haben ein paar Spielchen getrieben, gequält habe ich sie nicht.« So Detlef Heuer* am 20. Oktober 1999 vor dem Berliner Landgericht.

Sabine Rauschmaier* und Detlef Heuer sitzen gemeinsam auf dem Sofa. Sie schauen fern – ein Abend wie bei vielen, möchte man meinen. Er hat gekocht. Sie hat die Wohnung geputzt. Nun trägt sie die Reizwäsche, die er ihr gekauft hat. Sie macht, was er sagt. Detlef Heuer könnte froh sein, doch er ist es nicht. Ganz im Gegenteil: Langsam wächst in ihm die Verzweiflung. Fast sechs Wochen lang geht das nun schon so, und von Tag zu Tag wird ihm Sabine Rauschmaier sympathischer. Würde er mit ihr nur in dieser einen Welt leben, die so gutbürgerlich ist wie seine Wohnzimmereinrichtung, müsste man sich über die Beziehung der beiden nicht wundern. Aber Sabine Rauschmaier sitzt nicht freiwillig neben ihm auf dem Sofa. Und Detlef Heuer lebt schon lange nur noch wie eine Marionette in dieser Welt. Tagsüber funktioniert er in seinem Job als Bauhelfer. Abends in der Kaulsdorfer Einfamilienhaussiedlung hält er die Fassade als unauffälliger und hilfsbereiter Nachbar aufrecht. Richtig gelebt aber hat er schon jahrelang nur noch in seiner Fantasie – ein Stockwerk tiefer.

Dort erschuf er sich seine Zweitwelt – im Keller des elterlichen Einfamilienhauses, hinter versteckten Türen, zugemauerten Fenstern und schallisolierten Wänden. Es ist eine Welt mit Zellen, Pritschen, Gitterstäben, bizarren Sexspielzeugen, Folterapparaturen und einem gynäkologischen Stuhl. Gemeinsam mit seinem Vater hat Detlef Heuer bereits 1988 begonnen, dort, wo sonst Marmeladegläser und Weinflaschen stehen, ein Andreaskreuz für Fesselungen aufzurichten, Ketten und Ösen in die Wände zu dübeln. Seine Eltern waren es damals, die Fesselspiele liebten. Schon als kleiner Schuljunge hat er sie zufällig dabei erwischt. Seither ließ ihn der Gedanke daran nicht mehr los. Bereits seine erste Freundin, die er mit 17 Jahren kennen lernte, fesselte er beim Sex. In dem privaten Folterkeller fesselte er nach dem Tod seines Vaters dann sogar seine eigene Mutter – sie ließ es mit sich geschehen. Er fesselte Sexpuppen, quälte Barbiepuppen, fotografierte die geschundenen Figürchen, schrieb seine Fantasien in zwei Aktenordnern auf – den einen nannte er »Lernen für die Sklavin« und den anderen »Lehrbuch für die Sklavin«.

Es erregte ihn, in diesen Quäl-Anweisungen zu schmökern, aber mit der Zeit genügte ihm das geschriebene Wort nicht mehr. Auch Frauen, die sich freiwillig fesseln ließen, verschafften ihm keine Befriedigung mehr, wie er später einem Gutachter sagte. Er wollte seine Macht- und Kontroll-Fantasien für sich noch authentischer in die Tat umsetzen – mit Gewalt.

Dann aber saß die Sexsklavin, die er sich herbeiträumte, neben ihm auf dem Sofa im Wohnzimmer und nicht im Folterkeller. Heuer selbst war es, der sie rausholte aus dem Kerker, er hat ihr die Fesseln gelöst, hat sie aus dem Verlies ein Stockwerk höher in seine Wohnung geführt. Diesen Schritt hat er gewagt, als er spürte, dass ihr Wille endgültig gebrochen war, dass er sein Drohpotenzial nicht mehr brauchte – das Messer, die Gaspistole und die Geschichte, dass eine Organisation hinter ihm stehe, die im Fall ihrer Flucht ihre Eltern töten werde. Er lockerte

Sabine Rauschmaier die Fesseln, als er merkte, dass sie nicht einfach nur ein gesichtsloses Opfer war, sondern eine hübsche junge Frau. Eine Frau zwar, die er – ohne Gegenwehr fürchten zu müssen – vergewaltigen konnte, wann immer er wollte, die aber trotz aller widerwärtigen Torturen mit ihm sprach, wie man mit einem Mann spricht, neben dem man auf dem Sofa sitzt und fernsieht. Deshalb durfte sie mit ihm in seine bürgerliche Welt.

Detlef Heuer mag in seiner Verkennung der Realität gehofft haben, aus der brutalen Geiselnahme könne eine harmonische Beziehung entstehen. »Die Situation deeskalierte von Tag zu Tag«, stellten später Kriminalisten bei der Analyse der Tat fest. Dabei waren es wohl Sabine Rauschmaiers Worte, ihr belangloses Gerede über Alltägliches, die ihr das Leben retteten. Sie, der er den Namen »Sklavin Eva« gab, baute damit eine Beziehung zu ihrem »Meister«, wie sie ihn zunächst nennen musste, auf. Schließlich brachte es Detlef Heuer nach mehreren gemeinsamen Fernsehabenden, gemeinsamen Nächten im Ehebett und sogar gemeinsamen nächtlichen Spaziergängen – bei denen er jedoch ein Messer unterm Mantel versteckt hielt – nicht mehr übers Herz, diese Frau zu töten. »Dabei war die mörderische Energie – wie oft in solchen Situationen – durchaus vorhanden. Sie richtet sich aber dann nicht gegen das Opfer«, erklärt Klaus Kreutzberg, Chefarzt des Maßregelvollzugs in Buch, wo Heuer inzwischen sitzt. Die zerstörerische Energie richtete Detlef Heuer schließlich gegen sich selbst.

Am 30. März 1999, als er nicht mehr wusste, wie er aus dieser Geschichte herauskommen sollte, gab er einfach Gas, raste mit seinem dunkelblauen VW-Passat-Kombi ins Heck eines Betonmischers auf der Märkischen Allee in Marzahn. Das sei ein versuchter Selbstmord gewesen, sagte Heuer Monate später vor Gericht. Für ihn war es die einzige Möglichkeit, Sabine Rauschmaier loszuwerden – sie zu töten, das brachte er nicht fertig. Sie einfach freilassen ging aber auch nicht: Er hätte sein Gesicht verloren. Obwohl Sabine Rauschmaier womöglich, wenn sie denn irgendeine Chance gehabt hätte, die schrecklichsten

48 Tage ihres Lebens zu verschweigen, Detlef Heuer nicht einmal angezeigt hätte. So peinlich war ihr das alles, und derart eingeschüchtert war sie.

Die Gefangene rührt sich an diesem 30. März nicht in ihrer Zelle, schreit nicht um Hilfe, hämmert nicht gegen die Tür. Sabine Rauschmaier, die von ihrem Peiniger ungefesselt im hermetisch abgeriegelten Keller zurückgelassen wurde, weiß nicht, dass Detlef Heuer einen Unfall hatte und nun im Marzahner Unfallkrankenhaus liegt. Sie fürchtet, er wolle sie auf die Probe stellen, und bleibt ruhig.

Ein Stockwerk höher holt währenddessen Heuers Schwester Marlene Gärtner* Zahnbürste und Schlafanzug für ihren Bruder. Sie wohnt direkt nebenan, kommt erneut ins Haus, um den Schäferhund Heuers zu füttern. Den Keller aber betritt sie nicht. Dabei kannte sie die Geheimtür. Sie muss gewusst haben, was Vater und Bruder bauten. »Sie ist in dem Haus aufgewachsen, da merkt man doch, wenn plötzlich zwei Drittel des Kellers fehlen«, sagt ein Ermittler. Dass Detlef Heuer allerdings eine Frau gegen ihren Willen festhielt und quälte, das wusste die Schwester nach Überzeugung der Polizei nicht. Auch Heuers betagte Mutter bekam das nicht mehr mit – sie wurde zuvor ins Krankenhaus eingeliefert und ist inzwischen gestorben. Wäre sie als Kontrollinstanz noch zu Hause gewesen, hätte Detlef Heuer sich nicht getraut, Sabine Rauschmaier zu verschleppen.

Aber die Mutter ist weg – und nun sitzt Sabine Rauschmaier in der Falle. Als Heuer zwei Tage lang nicht mehr kommt, um sie zu foltern, ihr auch kein Essen und Trinken mehr bringt, klopft sie gegen die stählerne Tür. Das hört Marlene Gärtner, als sie wieder mal den Schäferhund füttert. Sie befreit die verstörte Frau, alarmiert die Polizei. Ein Großeinsatz beginnt. »Wir dachten zunächst, er hat womöglich noch andere Frauen gefangen gehalten«, sagt der Leiter der Dritten Mordkommission, Klaus Ruckschnat.

Es ist Karfreitag, der 2. April 1999, als Ruckschnat nach Kaulsdorf eilt, wo seine Kollegen Spuren sichern und für die 34-jährige Sabine Rauschmaier ein Rettungswagen der Feuerwehr bereitsteht. Aber sie weigert sich einzusteigen. Der Rettungswagen, fürchtet sie, könne zu Heuers Organisation gehören, die Frauen entführt, um sie in Gefangenschaft als Sexsklavinnen auszubilden und sie dann an zahlungskräftige Kunden zu verkaufen. Heuer hat ihr das dermaßen eingetrichtert, dass sie es noch immer glaubt. Sabine Rauschmaier traut sich nur, in ein Polizeiauto zu steigen, das sie zum Abschnitt 71 bringt. Dort bricht es dann aus ihr heraus, sie erzählt alles. Sie will ihre schrecklichen Erfahrungen loswerden, diktiert einem Beamten und einer Beamtin Ungeheuerliches ins Protokoll. Ruckschnat schickt inzwischen Polizisten in die Klinik – der schwer verletzte Heuer wird festgenommen und von einem Beamten rund um die Uhr bewacht. Tags darauf kommt der Haftrichter zu ihm ans Bett. Heuer gesteht.

Er erklärt, dass er Sabine Rauschmaier nicht kannte, dass sie ihm aber sympathisch erschien und er sie deshalb aussuchte. Man muss es ihm glauben. Doch für die Ermittler, für Psychologen und Psychiater, die sich hinterher um das Opfer kümmerten und den Täter begutachteten, ist es verwunderlich, dass der auf Dominanz und Kontrolle fixierte Mann zufällig eine Frau als Opfer fand, die so gut in sein Schema passt, die hierarchische Strukturen gewohnt war und der es deshalb gelang, eine Beziehung zu ihrem Peiniger aufzubauen, die ihr wohl das Leben rettete. Dass es zwischen Tätern und Geiseln eine eigene Dynamik gibt, dass Letztere sich zum Beispiel schon nach Stunden in einer überfallenen Bank in gewisser Weise mit den Tätern solidarisch fühlen, das kennt man. Aber die Beziehung zwischen Heuer und Sabine Rauschmaier ging über dieses so genannte »Stockholm-Syndrom« – benannt nach einer fünftägigen Geiselname im August 1973 in der Sveriges Kreditbank in der schwedischen Hauptstadt – weit hinaus. Schließlich war die Frau keine Geisel im üblichen Sinne, sie war das gequälte Opfer eines sexuell schwer gestörten Mannes – eines Mannes, der sich selbst nur dann als »lebendig« empfindet, wenn er seine Perversionen ausleben kann. Das hat er gemacht, mehr als sechs Wochen lang.

Dass es so kommen wird, kann niemand ahnen am 14. Februar, dem

Valentinstag 1999, als Sabine Rauschmaier mit der S-Bahn auf dem Weg zu ihren Eltern nach Alt-Glienicke ist. Zum Abendessen ist sie eingeladen. Sie hätte ihren Eltern wohl von ihrem Job als Modedesignerin berichtet, in dem sie sich so engagiert. Kurz bevor sie um 19 Uhr aussteigt, denkt sie, dass es sich nicht lohnt, in Alt-Glienicke in den Bus umzusteigen. Deshalb geht sie zu Fuß vom S-Bahnhof. Sie kennt den Weg, oft ist sie ihn gegangen. Angst hat Sabine Rauschmaier keine. Warum auch, es ist nicht spät. Und doch ist es um diese Zeit schon einsam hier neben dem Gewerbegebiet. Beiläufig bemerkt Sabine Rauschmaier einen Mann, der seinen Schäferhund an einen Laternenpfahl bindet, es ist Detlef Heuer. Dann hört sie seine Schritte hinter sich. Es ist wie in einem billigen Krimi: Mann verfolgt Frau, sie geht schneller, der Mann auch. Bald hat er sie eingeholt, ist wenige Zentimeter hinter ihr. Sie spürt den warmen Atem, der ihr an diesem kalten Tag aus dem bärtigen Gesicht entgegenschlägt. Schrecklich. Doch Sabine Rauschmaier hat in diesem Augenblick keine Vorstellung davon, wie oft sie diesen Atem in den nächsten Wochen noch ganz nah an sich wird heranlassen müssen, wie gut sie diesen Mann mit all seinen Perversionen noch kennen lernen wird.

Detlef Heuer packt sie von hinten. Er wirft sie zu Boden. Die Angegriffene schreit um Hilfe, doch niemand hört sie. Detlef Heuer holt ein Messer aus der Tasche, hält es ihr an den Hals. Sabine Rauschmaier lässt sich in ein Feld neben der Straße zerren. Dort fesselt er sie mit Handschellen. Er knebelt sie. Er verbindet ihr die Augen. Dann zwingt er sie mitzugehen – erst zu dem Laternenpfahl, wo er seinen Hund abholt, danach zu seinem nebenan geparkten VW-Passat, in den sie sich setzen muss. 15 Minuten dauert die Fahrt. Dann ist Sabine Rauschmaier in einer anderen, einer schrecklichen Welt.

In Heuers Folterkeller muss sie sich nackt ausziehen. Sie muss einen »Personalbogen« für die Organisation ausfüllen, sie muss einen Ausbildungsvertrag als »Sklavin Eva« unterschreiben, sie bekommt den »Ordner zum Lernen für die Sklavin« in die Hand gedrückt. Üble sadomasochistische Bilder muss sie sich anschauen, damit sie weiß, was auf sie zukommt. Dann wird sie in den »Todestrakt« gebracht, einen von Heuer unter dem eigentlichen Keller ausgeschachteten Raum. Dort fesselt er sie nackt auf einer Liege – an Händen, Füßen und am Hals. So verbringt Sabine Rauschmaier ihre erste Nacht in Gefangenschaft.

Ihre Eltern sind zunächst sauer, dass sie nicht pünktlich zum Essen kommt. Denn zuverlässig war ihre Tochter immer. Als Sabine nicht zu erreichen ist und am nächsten Morgen auch nicht bei der Arbeit erscheint, erstatten sie Vermisstenanzeige. Routine für die Beamten, die laut Geschäftsanweisung in solchen Fällen erst mal untätig zu bleiben haben. Es ist erwachsenen Menschen ja nicht verboten, einfach wegzugehen. Gesucht wird nach ihnen nur, wenn zu befürchten ist, dass sie Opfer eines Verbrechens oder Unfalls wurden, oder wenn sie hilflos sind. Nichts dergleichen trifft auf das Verschwinden von Sabine Rauschmaier zu – zunächst jedenfalls. Womöglich, denken die Beamten, wollte sie sich von ihrem Freund trennen, vielleicht hatte sie einen anderen, vielleicht hatte sie Streit mit den Eltern.

Aber schon nach wenigen Gesprächen mit Eltern, Freunden, Brüdern wissen die Polizisten: Irgendetwas stimmt nicht. Nun wird nach Sabine Rauschmaier gesucht – oder besser gesagt, nach Spuren, die auf ein Verbrechen hindeuten könnten. Gefunden wird nichts, weder in ihrer Wohnung noch auf dem Weg zum Haus ihrer Eltern. Dass sie ihrem Freund kurz vor ihrem Verschwinden sagte, sie sei schwanger, gilt zunächst als mögliches Mordmotiv. Schließlich könnte er das Kind nicht gewollt haben, sie aber schon, die beiden könnten sich gestritten haben, er hätte sie dabei töten können. So etwas vermuten die Beamten – sie müssen in solchen Fällen in alle Richtungen ermitteln. Von der Telekom lassen sie sich sämtliche Gesprächspartner nennen, mit denen die Vermisste in der zurückliegenden Zeit telefonierte, sie durchsuchen ihre Wohnung, vernehmen Freunde und Arbeitskollegen. Mehr als 300 Seiten umfasst die Vermisstenakte bald. Nur gefunden wird die Frau nicht. Für die Eltern und den Freund ist die Ungewissheit furchtbar. Eine Psychologin der Polizei kümmert sich um die Angehörigen, die von Tag zu Tag weniger um den Gedanken herumkommen, dass sie Sabine Rauschmaier vielleicht nie wieder sehen werden. Dass sie noch lebt, dass sie als Sklavin gefangen gehalten wird, auf so eine Idee kommt niemand. »So was hab ich in meiner Dienstzeit auch noch nie erlebt«, sagt der 48-jährige Mordkommissionschef Ruckschnat.

»Der Angeklagte hat das Leben der jungen Frau zerstört.« So fasst die 11. Große Strafkammer des Landgerichts Berlin am 20. Oktober 1999 in ihrem Urteil die Tat zusammen. Detlef Heuer wird zu zehn Jahren Haft verurteilt – wegen Geiselnahme in Tateinheit mit Vergewaltigung in 27 Fällen. Gleichzeitig wird für ihn die »Unterbringung in einem psychiatrischen Krankenhaus« angeordnet. Das bedeutet lebenslänglich. Und zwar im wahrsten Sinne des Wortes: Detlef Heuer, der 1999 bei der Tat 49 Jahre alt war, wird nie wieder in Freiheit leben. Offiziell sagt das zwar niemand und darf das auch gar nicht, weil bei Insassen des Maßregelvollzugs, wie sich die Psychiatrie für Straftäter nennt, jedes Jahr von Gutachtern kontrolliert werden muss, ob sie noch gefährlich sind. Aber bei Detlef Heuer gibt es unter Experten keinen Zweifel, dass seine Störung derart mit dem Charakter verwachsen ist, dass sie als untherapierbar zu betrachten ist. Seinen Lebensabend wird er deshalb hinter Gittern, Panzerglas und doppelt gesicherten Türen in der Psychiatrie verbringen. Er gilt als »extrem gefährlich«, das hat das Gericht in seiner Urteilsbegründung bereits festgestellt. Auch mit steigendem Lebensalter, so der psychiatrische Gutachter, werde die Gefahr nicht nachlassen: »Infolge des psychischen Zustandes des Angeklagten« seien auch in Zukunft erhebliche gleichartige Straftaten zu erwarten. Es könne nicht davon ausgegangen werden, dass die sexuellen Fantasien des Angeklagten mit steigendem Lebensalter nachlassen werden, teilte er weiter den Richtern mit. Diese schlossen sich der Meinung des Sachverständigen an und verfügten die Einweisung in die Klinik, schließlich zogen sich, wie sie in der Urteilsbegründung schreiben, »Sexualstraftaten wie ein roter Faden beginnend mit dem 14. Lebensjahr durch das ganze Leben des Angeklagten«.

Detlef Heuer, der sich schon als 13-Jähriger mit Damenwäsche fesselte und dabei selbst befriedigte, wurde 1965 wegen Vergewaltigung zu einer »Jugendhausunterbringung« – wie es in der DDR hieß – von einem Jahr und drei Monaten verurteilt. Dann, von Juni 1969 bis September 1970, überfiel er in Rahnsdorf elf Frauen, denen er am S-Bahnhof auflauerte. Die Überfallserie brachte ihm den Namen »Ekel von Rahnsdorf« ein – und zehn Jahre Haft wegen versuchter und vollendeter Vergewaltigung. Therapiert wurde Heuer damals nicht. »Der wurde einfach nur ins Gefängnis gesteckt«, sagt Chefarzt Kreutzberg. Nach seiner Festnahme brachte Heuers 16 Jahre alte Verlobte ein Kind zur Welt. Als er wieder freikam, heiratete er eine andere Frau, wurde 1982 Vater eines zweiten Kindes – und kurze Zeit später rückfällig.

1984 wies ihn das Stadtbezirksgericht Marzahn wegen Nötigung und sexuellen Missbrauchs in die Psychiatrie ein. Er nahm triebhemmende Medikamente und lebte unauffällig in der Klinik in Buch. Dort übrigens, wo er heute auch wieder sitzt – allerdings unter anderen Vorzeichen. »Damals wusste man noch nicht viel über die Dynamik solcher Erkrankungen«, sagt Psychiater Kreutzberg, der seit 1994 die Klinik leitet. Konkret heißt das, man wusste nicht, dass solche Sexualstraftäter oft so genannte Schläfer sind, sie sich über Jahre hinweg bestens sozial anpassen können, ohne dass sich ihre Störung auch nur ein bisschen bessert.

Die Ärzte werteten es als Therapieerfolg, als Heuer 1985 erneut eine Frau kennen lernte und diese heiratete. Sie setzten die triebhemmenden Mittel ab. Heuer wurde entlassen – »allerdings in eine Welt mit enormer sozialer Kontrolle. In der DDR lebte so jemand wie auf dem Präsentierteller – die Stasi, die Chefs in der Arbeit, alle wussten Bescheid und beobachteten solche Patienten. Und sie konnten jederzeit nach dem Einweisungsgesetz der DDR wieder in die Klinik geschickt werden«, erklärt Kreutzberg. Bei Heuer, der sich bald wieder scheiden ließ, ging – oberflächlich betrachtet – alles gut. Doch sein eigentliches Leben spielte sich in seiner Fantasie ab – bis er diese erneut zur Wirklichkeit werden ließ und aus Sabine Rauschmaier »Sklavin Eva« machte.

Darüber spricht Heuer nun in der Therapie. Er wird behandelt wie alle Sexualstraftäter, die während der ersten zwei Jahre zunächst zur Einzel- und dann zur Gruppentherapie kommen. »Sie müssen lernen, über ihre Fantasien, über ihre Taten zu reden«, erklärt Chefarzt Kreutzberg. Sie müssen zu ihren Taten stehen. Für die meisten Verurteilten, die den Opfern eine Mitschuld geben oder sagen, sie wüssten gar nicht, wie es dazu kommen konnte, ist das schwer. Ebenso schwer, wie zu lernen, Empathie zu empfinden, Mitgefühl – auch für ihre Opfer. Wer mitfühlen kann, vergewaltigt nicht. Detlef Heuer fehlt dieses Mitgefühl. Selbst als ihm Sabine Rauschmaier sagte, sie sei schwanger, und er dies mit einem Teststreifen überprüfte, hörte er nicht auf, sie zu quälen. Er bot ihr lediglich an, eine zweite Frau zu kidnappen, damit sie etwas Gesellschaft habe, was Sabine Rauschmaier entsetzt ablehnte.

Heilen kann man jemanden wie Detlef Heuer nicht. »Ihre Störung nehmen Sexualstraftäter mit ins Grab, wir können ihnen nur helfen, diese Störung zu kontrollieren, damit sie nicht mehr straffällig werden«, erklärt Kreutzberg. So können Täter lernen, erste Anzeichen einer Entwicklung, die zu einer Tat führt, bei sich selbst zu erkennen. Sie können Strategien einüben, wie sie sich in solchen Momenten verhalten können, damit es nicht wieder so weit kommt. Aber selbst, wenn jemand als ungefährlich entlassen wird, gibt es keine hundertprozentige Sicherheit. »Alle Prognosen haben eine Halbwertszeit und sind im Laufe der Jahre nicht mehr aussagekräftig«, meint Kreutzberg, zumal sich bei den Entlassenen ja auch die Lebenssituation ändern kann – so wie bei Heuer, als die Kontrollinstanz Mutter ins Krankenhaus kam. Kreutzberg regt deshalb eine Art TÜV für Sexualstraftäter an, der vorschreibt, dass sie sich auch nach der Entlassung lebenslang alle paar Jahre von Fachleuten untersuchen lassen müssen.

Für Heuer kommt so ein Modell nicht infrage. Er wird hinter Panzerglas und Stacheldraht bleiben müssen. Er weiß es. Vielleicht hat er deshalb versucht, sich am Tag vor dem Prozess umzubringen. Mit Rasierklingen schnitt er sich die Pulsadern auf. Sabine Rauschmaier hat davon aus der Zeitung erfahren. Sie musste nicht zur Verhandlung kommen. Heuer hat der damals hochschwangeren Frau, die inzwischen ihr Kind geboren hat, die Aussage erspart und gestanden. Immerhin das hat er für sie getan – nun muss sie versuchen, mithilfe ihrer Psychologin über die schrecklichsten Wochen ihres Lebens hinwegzukommen. Den Umständen entsprechend, sagen ihre Betreuer, gehe es ihr gut.

Das Haus, in dem Sabine Rauschmaier die Torturen erleiden musste, ist inzwischen umgebaut – nun lebt die Schwester von Detlef Heuer in der Wohnung über dem einstigen Folterkeller. *Peter Brock*

Das Leben danach

»Wir wussten schon nach einer Woche: Vater und Ehefrau lügen.« Holger Flindt sitzt in seinem Büro in der Hamburger Altstadt. An den Wänden hängen Weltkarten. Flindt ist Detektiv der Marine Claims Service GmbH & Co (MCS). Im Auftrag von Versicherungen suchen er und seine Kollegen weltweit nach gestohlen gemeldeten Yachten oder nach Menschen, die nach Schiffsunglücken spurlos verschwunden sind. Flindt stellt Versicherungsbetrügern nach. Der Fall der Luna*, so der gelernte Schiffsingenieur, gehöre zu den spektakulärsten Fällen, mit denen sich die Firma MCS bislang beschäftigt hat.

Der 28. April 1994 ist ein sonniger Tag. Das Tauchschiff Luna liegt mit frisch gestrichenem Oberdeck im Hamburger Sporthafen. Paul Weber* und seine Ehefrau Evelyn* wollen das Schiff an diesem Tag vom Winterliegeplatz nach Wentorf an die Ostsee verlegen. Dort soll die Luna am Wochenende erstmals in dieser Saison zahlende Gäste für einen Tauch-Turn in die Ostsee rausfahren. Der 43-jährige Weber hat für die nächtliche Schiffsüberführung auch seinen Vater Heinz* eingeladen, der mit dem Auto aus Berlin kommt.

Paul Weber ist stolz auf seine Luna. 1991 hat er sich seinen Traum vom eigenen Schiff erfüllt. Damals hatte er einen Laden für Segel- und Tauchausrüstung. Er kaufte für 17 000 Mark einen DDR-Kutter, Baujahr 1950, von der Fischereigenossenschaft Wismar und baute ihn um.

Der Berliner Heinz Weber war bis zu diesem Tag noch nie auf dem Schiff seines Sohnes. Um 13 Uhr sieht er die Luna zum ersten Mal. Bis zur Ausfahrt gibt es noch einiges zu tun. Vater und Sohn laden Proviant ein, probieren einen neuen Außenbordmotor fürs Schlauchboot Bombard 400 aus. Dann warten sie auf Evelyn Weber, die an diesem Nachmittag noch einen Tauchkurs am Oortkatener See leitet. Die Frau kommt gegen 21 Uhr auf die Luna. Eine Stunde später legt das Schiff ab und fährt mit sechs bis acht Knoten elbabwärts in Richtung Brunsbüttel. Von dort soll die Luna ihren Weg über den Nord-Ostsee-Kanal und die Kieler Förde nach Wentorf nehmen.

Die Luft ist klar, die Sichtverhältnisse sind gut. Das Wasser hat zwölf Grad. Das Schlauchboot, sonst immer an Bord der Luna, wird in dieser Nacht erstmals geschleppt. Dieser Umstand lässt Detektiv Flindt später stutzig werden. Weber und seine Frau führen abwechselnd das Ruder. Vater Heinz notiert derweil die Nummern der vorüberziehenden Tonnen, die die Fahrrinne markieren. Die Luna wird um 23.45 Uhr von einem Polizisten der Wasserschutzpolizei gesehen. Das Polizeiboot legt wenig später in Wedel an. Sonst ist kein Schiff auf dem Abschnitt der Unterelbe.

Eine halbe Stunde nach Mitternacht passiert die Luna Hetlingen. Die Elbe ist an dieser Stelle 1100 Meter breit. Paul Weber kommt ins Ruderhaus gerannt. »Es brennt, wir müssen sofort von Bord!«, schreit er. Evelyn Weber und ihr Schwiegervater, die beide keinerlei Rauch bemerkt haben, springen in das Schlauchboot. Während Heinz Weber versucht, den Motor zu starten, macht seine Schwiegertochter das Boot los und hält sich dabei an der Badeleiter der Luna fest. Sie wartet, dass auch ihr Mann ins rettende Boot springt. Aber dieser verschwindet noch einmal im Schiffsinnern.

Der Motor der Luna läuft noch, Evelyn Weber sagt später, sie habe es nicht länger geschafft, sich an der Leiter festzuhalten. Sie lässt los. Das Schlauchboot entfernt sich schnell. Kurz darauf gibt es an Bord der Luna eine Stichflamme, dann eine Explosion. Schiffsplanken werden übers Wasser geschleudert, kurz darauf steht das Tauchschiff in Flammen. Evelyn Weber und ihr Schwiegervater können sich mit dem Schlauchboot an Land retten. Für Paul Weber aber kommt scheinbar jede Hilfe zu spät. Feuerwehr und Polizei suchen noch nach Tagen das Ufer nach dem Vermissten ab, ohne Erfolg. Weber könnte für tot erklärt werden, doch es fehlt seine Leiche.

Paul Weber hatte drei Lebensversicherungen und eine Wassersportunfallversicherung abgeschlossen. Würde er für tot erklärt, müssten die Versicherungen insgesamt eine Million Mark zahlen. Das macht die Polizei misstrauisch – und vor allem die Detektive der MCS, die von den Versicherungen engagiert werden. »Es gab eine Verpuffung an Bord«, sagt Flindt. »Unsere Firma hat das vollständig ausgebrannte Wrack untersuchen lassen.« Das Ergebnis: Ein technischer Defekt war nicht Ursache des Feuers, aber es gab große Mengen Benzin an Bord. Außerdem stellten die Detektive fest, dass Weber hochverschuldet war. »Das war beachtlich, vor allem im Zusammenhang mit seiner Vorgeschichte: Der Mann war mal Kampfschwimmer in der Armee. Solche Leute schwimmen von hier nach Helgoland«, sagt Flindt.

Paul Weber wurde in Ost-Berlin geboren. Als leidenschaftlicher Fußballspieler schaffte er es in die DDR-Auswahlmannschaft der Junioren und spielte in zwei Länderspielen mit. Er lernte Maschinenbauer und begann ein Ingenieursstudium. Im vierten Studienjahr wurde er wegen staatsfeindlicher Hetze verhaftet. Die Strafe fiel relativ glimpflich aus: neun Tage Haft. Allerdings flog Weber von der Hochschule. Seinen 1980 gestellten Ausreiseantrag lehnten die Behörden ab.

So entschloss er sich, gemeinsam mit seiner Freundin über die Ostsee aus der DDR zu fliehen. Doch statt auf der dänischen Insel Bornholm endete die Reise in Stasi-Haft. Ein polnisches Armeeschiff hatte das kleine Segelboot des Paars aufgespürt und die Flüchtigen in die DDR zurückgebracht. Weber wurde zu viereinhalb Jahren Gefängnis verurteilt. Nach knapp drei Jahren kaufte ihn die Bundesrepublik frei.

Danach verließ der Berliner Paul Weber seine Heimatstadt. Er ging nach Hamburg, arbeitete als Segellehrer, machte den Sportbootführerschein und ließ sich zum Tauchlehrer ausbilden. Dabei lernte er seine spätere Frau Evelyn kennen. Zunächst lief alles gut mit dem gemeinsamen Ausrüstungsgeschäft in Hamburg. Auch die Luna war gut ausgelastet. Aber das änderte sich mit der Zeit: 1994 war Weber pleite und stand kurz vor der Insolvenz.

Den MCS-Detektiven war schon kurz nach dem Feuer klar, dass Brandstiftung die Ursache gewesen sein muss. Da habe man aber noch nicht geahnt, dass Weber noch lebe, meint Flindt. Misstrauisch machten die Detektive jedoch die vielen Erinnerungslücken, die Evelyn Weber zu haben vorgab.

Neun Monate nach dem Brand fand vor dem Seeamt Hamburg die mündliche Verhandlung über das Unglück statt. Der Spruch war für die Detektive Bestätigung ihrer Annahme: »Die Ursache für den Ausbruch des Feuers konnte nicht mit Sicherheit geklärt werden. Die plötzlich eintretende Heftigkeit des Feuers und seine rasche Ausbreitung auf große Teile des Schiffes kann mit großer Wahrscheinlichkeit nicht allein auf unsachgemäßen Umgang mit leicht entzündlichen Flüssigkeiten in Verbindung mit Zündquellen zurückgeführt werden, eine wie immer geartete Inbrandsetzung lässt sich vielmehr nicht ausschließen.«

Inzwischen ermittelt auch die Kriminalpolizei, nimmt an, dass Weber noch lebt. Die MCS-Detektive wissen, dass der Tauchlehrer Kontakte nach Thailand hatte. Ein Zeuge will den Gesuchten im portugiesischen Hafen Faro gesehen haben, auf einer Yacht, die ebenfalls den Webers gehört. Am 26. August 1996 erlässt das Amtsgericht Pinneberg gegen Paul Weber Haftbefehl wegen des Verdachts der Brandstiftung und des Versicherungsmissbrauchs. »Der Beschuldigte entzündete gegen Mitternacht sein zu einem Tauchboot umfunktioniertes Fischereifahrzeug Luna. Wie vorgesehen, fing das Fahrzeug Feuer und wurde hierdurch völlig zerstört. Der Beschuldigte wollte den Anschein eines Unglücksfalles erwecken und die in einem solchen Fall auszuzahlende Versicherungssumme zur Auszahlung bringen«, heißt es in dem internationalen Haftbefehl.

Aber wo ist Paul Weber? Die MCS hat Verbindungen in alle Welt. Marina-Besitzer, Segelschulen, Tauchlehrer, Schleusenwarte gehören zu den Verbindungsleuten der Detektei. Im April 1996 meldet sich ein Tauchschulenbesitzer aus Thailand. Weber, so berichtet er, habe sich im Dezember 1995 in den thailändischen Touristenzentren Phuket und Ko Samui als Tauchlehrer beworben. Nun sind Zielfahnder des Bundeskriminalamts dem Mann auf den Fersen. Doch Weber entkommt.

Er taucht im Februar 1999 wieder in Deutschland auf – bei seinem Vater in Berlin. Er hat eine neue Freundin, bleibt zunächst unbehelligt. Am 4. März 1999 meldet sich der Verschollene ganz offiziell beim Einwohnermeldeamt Pankow unter seinem Namen polizeilich an. Als bisherigen Wohnort gibt Paul Weber, inzwischen 48 Jahre alt, Hamburg an. Vier Tage später ist er so dreist, dass er erneut zum Amt geht und einen Ersatzführerschein beantragt. Dort gibt er eidesstattlich zu Protokoll: »Meine Brieftasche ist im Januar 1999 gestohlen worden, beziehungsweise in Verlust geraten.« Freilich erfährt nun die Polizei davon, dass Weber in der Stadt ist, und nimmt ihn am 11. März fest.

»Ich bin unschuldig. Meine Haft ist ein Verbrechen.« Weber hat dies auf ein Schild geschrieben. Als er vor dem Landgericht Itzehoe angeklagt wird, hält er dieses Schild in die Höhe. Noch vor seiner Festnahme hat er eine Erklärung geschrieben. Darin heißt es: »Die Druckwelle schleuderte mich in die Elbe. Als ich zur Besinnung kam (soweit man überhaupt von Besinnung in diesem Zustand sprechen kann), war ich der Überzeugung, meine Frau und mein Vater seien bei dem Schiffsunglück ums Leben gekommen. Ich hatte einen schweren Schock.« Angaben, wo er sich fünf Jahre lang aufgehalten hatte, machte er nicht.

Die Richter aber glauben dieser Erklärung nicht. Ein kurzer Anruf zu Hause oder in der Firma hätte schließlich genügt, um zu wissen, dass Ehefrau und Vater noch lebten. Das Gericht ist von etwas ganz anderem überzeugt: »Sofern der Angeklagte nicht schon vor dem Brandereignis den Entschluss gefasst hatte, aus seinem bisherigen Leben auszusteigen und irgendwo anders neu anzufangen, d. h. ohne Bindung an Ehefrau, Familie und Geschäft zu leben, nahm er das Brandereignis zum Anlass, um kurzfristig diese Entscheidung zu treffen«, heißt es im Urteil. Die angespannte finanzielle Situation habe Paul Weber zugunsten seiner Ehefrau und seines Vater bereinigen wollen, die beide für seine Bankverbindlichkeiten gebürgt hatten.

Weber wird im April 2001 wegen versuchten Betrugs zu einer Freiheitsstrafe von einem Jahr und einem Monat verurteilt, die zur Bewährung ausgesetzt wird. Es gibt zwar viele Indizien, die für eine Brandstiftung sprechen – nachzuweisen ist sie dem Mann aber nicht.

Webers Ehe wurde bereits im April 1999 geschieden. Am gleichen Tag verlobte er sich mit seiner neuen Freundin. *Katrin Bischoff*

Der letzte Besuch

Unrecht verjährt nicht – zumindest nicht emotional. Auch Jahre später noch treibt es den Puls von Hubert Dreyling in die Höhe, wenn er über seine ehemalige Mandantin Heidi James* spricht. »Das war ein grässliches Verbrechen, klar, aber die Frau war schuldgemindert«, sagt der Rechtsanwalt. »Die wollten die Alte fertig machen.« Die, damit meint Hubert Dreyling eine Große Strafkammer des Landgerichts Berlin. Und »die Alte«, das war Heidi James, eine damals 55-jährige Frau aus Spandau, die 1999 gemeinsam mit ihrem damaligen Lebensgefährten William Edwards* vor Gericht stand – wegen Mordes an ihren Eltern.

Diese wohnten in einer beschaulichen Straße in Spandau – ein ruhiger Ort, noch immer. Die Wohnblocks stammen meist aus den 50er Jahren. Am Ende der Straße liegt die idyllisch grüne »Freizeitanlage Südpark«, Bäume säumen die Straße. Eine ganz normale Wohngegend für Familien mit normalem Einkommen. Ein Block ist niedriger, das Haus älter. Die Gardinen hinter den meisten holzgerahmten Fenstern deuten auf betagtere Bewohner hin. In einem Fenster stehen rund ein Dutzend verblichener Plastikpferde.

In diesem Haus werden am 21. Oktober 1995 die Leichen des Rentnerehepaars Friedhelm und Gertrud Freisig* in deren Wohnung im ersten Stock gefunden. Der 79-Jährige hat schon seit drei Tagen einer Nachbarin morgens nicht – wie üblich – die Zeitung mitgebracht. Aus dem Briefkasten quillt die Post. Deshalb rufen die Nachbarn an diesem Sonnabend die Polizei. Die Leichen von Friedhelm Freisig und seiner 74-jährigen Ehefrau sind unterschiedlich stark verwest. Einbruchsspuren gibt es keine, weshalb als erstes angenommen wird, dass der Mann zuerst seine schwer gebrechliche Frau von ihren Leiden »erlöst« und sich später selbst getötet hat.

Auf Grund des vermuteten Doppelsuizids lassen sich die Gerichtsmediziner offenbar etwas Zeit, stellen einige Tage später jedoch Strangulationsmale bei beiden Toten fest. Die Frau hat gebrochene Rippen. Die Polizei geht nun von Mord aus und spekuliert, die Verletzungen könnten daher rühren, dass sich der Täter auf den Oberkörper der Frau gesetzt hat.

Am 30. Oktober werden die Tochter der ermordeten Rentner, Heidi James, und ihr Lebensgefährte, William Edwards, festgenommen. Die Tochter hatte Nachbarn zufolge ihre Eltern wiederholt um Geld gebeten. Die sparsamen Eltern, in der Nachbarschaft als »Ehepaar Aldi« bekannt, reagierten darauf nicht oder gaben nur kleine Beträge. Nach ihrem Tod wäre die Tochter nun Alleinerbin von rund 120 000 Mark, die die Eltern nach dem Verkauf eines Grundstückes angespart hatten. Am Todestag haben Zeugen Heidi James am Fenster der Wohnung und ihren Lebensgefährten in einem »einigermaßen derangierten« Zustand aus dem Haus kommen sehen. Die Polizei sieht die beiden als dringend tatverdächtig an. Einen Tag später wird Haftbefehl erlassen.

Im Prozess bestreiten die Angeklagten die Tat. Edwards, bereits vorbestraft wegen zahlreicher Delikte wie Urkundenfälschung, Diebstahl und Betrug, gab zuvor immer mal wechselnde Personalien an. Mal ist er 1966 in Liberia geboren, dann wieder ist er 1959 in Nigeria auf die Welt gekommen.

Ehrlicher ist Heidi James zu einer Mitinhaftierten. Diese Frau hatte sich ihr im Gefängnis als Hellseherin mit übersinnlichen Kräften vorgestellt und angeboten, den Richter mit einem Zauber zu belegen. Hierfür müsse Heidi James allerdings genau erzählen, was geschehen sei. Diese geht auf das Angebot ein und erzählt bei einer »Zeremonie«, bei der die Frauen zusammen einen Joint rauchen, alles: ihr Leben, die Tat und wie es dazu kam.

Von einer Haustür am Brunsbütteler Damm aus betrachtet wird ein kleines grünes Schild zum Symbol für Heidi James' Leben. Auf dem Schild steht »Spandau« und es befindet sich nur wenige Meter entfernt von ihrem letzten Wohnsitz, einem Haus in einer Wohnblocksiedlung. Heidi James wollte immer heraus aus der Welt ihrer Eltern. Sie hat es gerade so geschafft, auf die andere Seite des Schildes zumindest. Aber dort ist immer noch Spandau.

Das Ehepaar Freisig betrachtete die Ausbruchsversuche der Tochter, die nach der neunten Klasse die Schule verließ und eine Ausbildung als Einzelhandelskauffrau absolvierte, skeptisch. 1965 heiratete Heidi einen farbigen britischen Soldaten, der in Berlin stationiert war und von dem sie drei Jahre später eine Tochter bekam. Mitte der 80er Jahre lernte Heidi James auf einer Urlaubsreise einen Türken kennen und begann eine Affäre mit ihm. Als ihr Mann davon erfuhr, begann es in der Ehe zu kriseln, 1992 zog der Ehemann aus.

Die Trennung machte der Frau, die mittlerweile arbeitslos geworden war, zu schaffen. Ärzte diagnostizierten eine Depression und verschrieben ihr verschiedene Beruhigungsmittel, vor allem Rohypnol und Diazepam. Heidi James wurde abhängig von den Medikamenten und beschaffte sich ihren stetig steigenden Tagesbedarf auch illegal. 1992 traf sie dann einen Mann aus Uganda, der bei ihr einzog, bis sie ihn 1995 für William Edwards verließ. Die Eltern hätten ihre Beziehungen mit farbigen Männern genauso regelmäßig kritisiert wie ihre Arbeitslosigkeit und ihren zu auffälligen Kleidungsstil, klagte Heidi James. Auch der »Geiz« ihrer Eltern habe sie schwer belastet.

Den Plan, die Eltern zu ermorden und so als Einzelkind frühzeitig an das Erbe zu kommen, hat James bereits ihrem ugandischen Lebensgefährten unterbreitet. Doch dieser hielt die Idee für einen üblen Scherz. Edwards hingegen geht auf den Vorschlag ein. Am 18. Oktober verwirklicht das Paar seinen Plan. Die Tochter meldet sich telefonisch bei den Eltern an und fährt am frühen Nachmittag zu ihnen. Gemeinsam mit ihrer Mutter kocht sie Kaffee und mischt diesem, als die Mutter abgelenkt ist, Rohypnol bei.

Bei Menschen, die nicht an Beruhigungsmittel gewöhnt sind, wirkt Rohypnol schnell. Die Eltern werden kurz darauf schläfrig. Der Vater legt sich im Schlafzimmer ins Bett, die Mutter auf das Sofa im Wohnzimmer. Heidi James, die selbst eine höhere Dosis Rohypnol und dazu noch Valium im Blut hat, ist allerdings an Beruhigungsmittel gewöhnt. In ihrer Wohnung wird die Polizei bei der Verhaftung ganze Apothekenbestände finden.

Heidi James überprüft noch einmal, ob ihre Eltern auch wirklich fest schlafen, dann ruft sie ihren Lebensgefährten an. Der kommt kurze Zeit später in die Wohnung. Während James in der Küche wartet, erwürgt William Edwards die beiden Rentner mit einem »schlipsähnlichen Gegenstand«, wahrscheinlich mit einem Gürtel. Dann verlässt er zuerst die Wohnung, seine Lebensgefährtin folgt ihm etwas später. Sobald sie das Erbe zugesprochen bekommt, will sich die Tochter mit ihrem Freund ein schönes Leben machen, etwa in Edwards' afrikanischer Heimat – so ist der Plan.

All das berichtet Heidi James in der Untersuchungshaft der angeblich übersinnlich begabten Mitgefangenen. Diese verhext allerdings nicht, wie erhofft, den Richter, sondern gibt das Gehörte als Zeugenaussage zu Protokoll. Die wegen Drogendelikten einsitzende Frau horcht als vermeintliche Wahrsagerin auch andere Mitgefangene aus und rechnet dafür mit Strafminderung. Das Gericht geht darauf nicht ein, verurteilt jedoch unter anderem auf der Grundlage dieser Aussage

Heidi James und William Edwards zu lebenslanger Haft mit besonderer Schwere der Schuld. Das bedeutet, dass der Verurteilte nicht – wie sonst möglich – bereits nach 15 Jahren auf Bewährung entlassen werden darf.

Durch »eine Empfehlung aus dem Weiberknast«, wie Dreyling sagt, kommt der Fall auf den Schreibtisch in seinem Schöneberger Büro. Er geht in Revision, lässt das Urteil vor dem Bundesgerichtshof überprüfen und bekommt Recht: Die bei der »Wahrsagerin« gemachten Aussagen hätten nicht verwendet werden dürfen. Der Fall wird an das Berliner Landgericht zurückverwiesen und 1999 erneut verhandelt.

Hubert Dreyling ist kein Leisesprecher. Der 58-Jährige mit Vollbart und energischem Auftreten erzählt, dass er früher in Berlins größter Strafrechtskanzlei gearbeitet habe. Und dass er mit seiner Beteiligung an den Prozessen gegen hochrangige DDR-Politbüromitglieder in den 90er Jahren »Rechtsgeschichte« geschrieben habe. Er sagt Sätze wie: »Den Richter habe ich nach dem Prozess gegen Heidi James nicht mehr gegrüßt, das war ein großes Fehlurteil. Macht ist schlimmer als Crack und Heroin zusammen.« Vielleicht müssen Verteidiger so reden, immer eine Nummer größer. Dreyling sagt: »Ich sehe mich als Kontrollorgan der Justiz.« Er müsse nicht unbedingt verstehen oder gar verteidigen, was seine Mandanten getan haben. Aber er müsse dafür sorgen, dass sie einen einwandfreien Prozess bekommen.

Dreyling rät seiner Mandantin 1999, nun vor Gericht zu gestehen. Heidi James folgt diesem Rat, während ihr ehemaliger Lebensgefährte schweigt. Der Anwalt setzt auf ein psychologisches Gutachten, das zeigen soll, wie sehr das Bewusstsein seiner Mandantin zum Tatzeitpunkt durch Medikamente getrübt war. Die Gutachter bestätigen dies auch. Auf die Strafkammer macht das aber keinen Eindruck. Die Voraussetzungen für eine Strafminderung erkennt das Gericht nicht an. Es unterstellt den Angeklagten vielmehr einen »ungewöhnlich verwerflichen Grad der Gewinnsucht«. So steht es in der Urteilsbegründung. Dort ist auch vermerkt, dass die Kammer eine Strafminderung »zu Gunsten der Angeklagten nicht nur als ›unangemessen‹ [...], sondern als unerträglich« betrachte. Im Fall von Heidi James macht das Gericht deutlich, dass ein Geständnis nicht zwangsläufig strafmindernd wirkt, »selbst wenn es (unterstellt) Reue verrät«.

Am 17. Februar 1999 ergeht das Urteil gegen Heidi James und William Edwards: Lebenslange Freiheitsstrafe für beide wegen Mordes in zwei Fällen. Bei der Frau ist schließlich doch noch der Zusatz »besondere Schuldschwere« weggefallen – sie könnte nun also nach 15 Jahren entlassen werden.

Heidi James ist 2004 eine von zwei Frauen, die bis dahin in Berlin rechtskräftig zu lebenslanger Haft verurteilt sind. In einem weiteren Fall mit diesem Urteil läuft die Revision zu diesem Zeitpunkt noch. Die Elternmörderin sitzt als eine von 210 in Berlin inhaftierten Frauen in der Justizvollzugsanstalt Lichtenberg. »Sie hat ganz gute Chancen, bald erste Haftlockerungen zu bekommen«, sagt ihr Anwalt Dreyling.

Das Geld der ermordeten Eltern hat nicht Heidi James, sondern deren Tochter Franziska* geerbt. Sollte Heidi James 2010 nach 15 Jahren freikommen, wäre sie 67 Jahre alt – eine Rentnerin, wie ihre Eltern damals.

Marin Majica

Willenlose Geliebte

»Als ich 17 war, dachte ich, die Frauen werden auf alles fliegen, nur nicht auf mich«, sagt Jochen Wasser*. Dann lacht er und gießt Kaffee nach. Er hat ihn extra für dieses Gespräch gekocht, in eine Thermoskanne gefüllt und zusammen mit zwei Tassen ins Besuchszimmer mitgebracht. Das ist sehr nett. So ist Jochen Wasser. Eine Flasche Mineralwasser hat er auch dabei. Er will ja viel erzählen – und oft lächeln, so wie jetzt, um Verständnis bittend: »Ich bekam also keine ab, war aber neugierig damals auf die Frauen.« Man versteht es. Wem ist es in seiner Jugend nicht auch mal so ergangen, die Angebetete nicht zu bekommen und zu fürchten, allein zu bleiben? Was Jochen Wasser dann aber sagt, lässt sich nicht wirklich nachvollziehen: »Dann bin ich halt eingebrochen.« Eingebrochen? Um eine Frau zu finden?

Jochen Wasser, dieser keineswegs unattraktive Mann mit den dunklen Haaren, den schwarzen Augen, lächelt wieder – diesmal wirkt es triumphierend. Er hat seinen Zuhörer jetzt da, wo er ihn haben will, an einem Punkt, an dem dieser dankbar hofft, nun eine rationale Erklärung zu bekommen auf die noch gar nicht ausgesprochene, aber dennoch alles überlagernde Frage. Auf die Frage nach dem Warum.

Jochen Wasser, dem Gutachter einen Intelligenzquotienten von 130 bescheinigten, kostet diesen Moment aus, schweigt kurz, bevor er erklärt: »Klar, ich wollte mal wissen, wie das weibliche Geschlecht so aussieht, mal Erfahrungen sammeln.« Das klingt nachvollziehbar. »Ich wollte aber nicht vergewaltigen.« Selbstverständlich nicht. »Und zu einer Prostituierten traute ich mich auch nicht.« Na gut, auch das ist verständlich. »Deshalb bin ich eingebrochen.«

Der heute 41 Jahre alte Jochen Wasser sagt zunächst nur »eingebrochen«, als müsse er seit Jahren seinen Kaffee lediglich deshalb hinter den grünlichen Panzerglasscheiben im Krankenhaus des Maßregelvollzugs trinken, weil er früher mal aus Neugierde irgendwo eingebrochen ist. Aber es war nicht irgendwo: Jochen Wasser ist in die Leichenhalle eines Friedhofs eingestiegen. Und dies nicht als Mutprobe, nicht, um etwas Wertvolles zu stehlen. Nein, Jochen Wasser hat Särge geöffnet, hat Leichen ausgezogen, hat Totenhemden gestohlen. Er hat noch mehr getan. In Kapellen, in Krematorien, auf Friedhöfen. Man mag es sich nicht vorstellen, aber man muss es wissen, um zumindest ansatzweise nachvollziehen zu können, unter welcher Störung er leidet.

Jochen Wasser hat toten Frauen die Brüste abgeschnitten und sich diese in einen BH gesteckt, den er trug. Er ist in Grüfte gestiegen, er hat Särge regelrecht ausgegraben, um an Leichen zu kommen. Er hat die Körper dann gehäutet, hat sich die Haut übergestülpt, hat sich Damenunterwäsche darüber gezogen und sich dabei selbst befriedigt. Er hat es oft getan, immer wieder. Hunderte Male, so sagte ein Sachverständiger im Prozess, müsse es wohl gewesen sein – darauf lasse die Professionalität beim Häuten schließen.

Wie oft er es tatsächlich getan hat, verrät Jochen Wasser nicht. »Das wäre für die Hinterbliebenen ja auch schrecklich«, meint er. Und so genau weiß er es wohl auch selbst nicht mehr. Meist hat er die Gräber wieder zugeschaufelt, die Blumen wieder schön arrangiert: »Ich hab' ein gutes fotografisches Gedächtnis, das mir sehr half.« Nachweisen konnte man ihm nicht mal ein Dutzend Fälle. »Aber manchmal bin ich jede Woche losgezogen, es war wie eine Sucht. Ich bin gerannt, gerannt, gerannt, wollte das Gefühl immer und immer wieder haben«, erklärt er.

Allerdings war es nicht die Neugierde, einmal eine nackte Frau zu sehen, die Jochen Wasser zum ersten Mal auf einen Friedhof trieb. Und es war auch nicht eine Sucht, die ihn dazu brachte, es immer wieder zu tun. Das erklären die Therapeuten, die ihn behandeln. Der Grund ist vielmehr eine schwere Persönlichkeitsstörung, eine gravierende Störung der Sexualpräferenz. Eine ganz seltene Ausprägung einer sadistischen Paraphilie, wie man heute sagt – früher hätte man gesagt, eine Perversion.

Aber wie soll man das erklären? Zumal als Betroffener? »Die meisten Patienten wissen selbst nicht, was sie treibt«, erklärt der behandelnde Arzt Friedrich Utting, auf dessen Station Jochen Wasser lebt. Und selbst wenn Patienten im Laufe der Zeit die Gründe für ihre Störung kennen lernen, ist es einfacher für sie – und für ihre Gesprächspartner –, sich eine nachvollziehbare Erklärung zurechtzulegen, »die Taten zu rationalisieren«, wie Utting sagt. Jochen Wasser tut dies, indem er davon spricht, dass er mit seinen Taten bewusst den fehlenden Kontakt zu Frauen ausgleichen wollte. Dabei weiß er nach einigen Jahren Therapie sehr wohl, dass der Grund für sein Verhalten viel, viel tiefer liegt. Lernt man ihn näher kennen, gibt er dies auch zu: »Ich konnte nicht anders. Um mich zu befriedigen, musste ich auf den Friedhof«. Eine Prostituierte, eine Freundin – keine lebende Frau hätte ihm das geben können, was er bei den Toten fand.

»Kontrolle, Dominanz, Manipulation sind die zentralen Begriffe, die bei allen Sadisten eine Rolle spielen«, erklärt Utting. »Und Nekrophilie kann man sich als eine Extremform des Sadismus vorstellen, bei der das Objekt der Begierde völlig dem Willen des Handelnden ausgeliefert ist.«

Aber warum? Jochen Wasser sagt: »Die Natur hat mich derart manipuliert, dass es nicht anders ging.« Sein Arzt Utting meint, dass es wahrscheinlich frühkindliche Erfahrungen waren, die ihn derart geprägt haben – Erlebnisse, Eindrücke, Gefühle, an die sich Wasser selbst gar nicht mehr erinnert. Seine Mutter gab ihn gleich nach der Geburt weg. Der kleine Jochen lebte zunächst bei Pflegefamilien, in Heimen, hatte wechselnde Bezugspersonen. Gut ging es ihm dabei nicht. Mit vier Jahren wurde er zum zweiten Mal adoptiert, von einem Beamtenehepaar in Bonn. Von da an mangelte es ihm an nichts mehr.

Aber da war es auch schon zu spät. Denn in den ersten Lebensjahren, sozusagen in der »sekundären Reifungsphase des Menschen außerhalb des Mutterleibs« – so Utting – ist es für eine gesunde Entwicklung des Kindes unabdingbar, dass es die Mutterliebe spürt, und zwar eine nicht an Erwartungen geknüpfte, eine grenzenlose Liebe. »Fehlt diese Liebeserfahrung, lässt sich diese Lücke zeitlebens nicht mehr füllen«, sagt der Arzt.

Eine solche Erfahrung kann zu ganz unterschiedlichen Störungen führen. Etwa dazu, dass später beim eigenen Sexualpartner die Liebe der Mutter wieder gesucht wird, dass man diese Liebe unter Kontrolle halten will, um sie nicht mehr zu verlieren und dass man deshalb zur Dominanz neigt; oder dass man die Liebe sicher und dauernd haben will und deshalb einen verfügbaren, willenlosen Partner sucht. Und nicht zuletzt kann der unerfüllte Liebeswunsch auch dazu führen, dass man dem Partner zurückgibt, was man selbst erlitten hat, dass man zum Beispiel in seiner Frau die Mutter sieht und diese quält. Freilich entwickelt sich eine solche frühkindliche Enttäuschung nur sehr selten zur Nekrophilie. Doch unter bestimmten Umständen, wenn das Kind später gewisse Erfahrungen mit dem Tod oder auf Friedhöfen macht, kann eben auch eine solche Ausprägung der Störung entstehen. Für die Patienten, so Utting, sei dann wichtig, dass »die Angst vor dem Verlust des Liebespartners ausgeschlossen ist, weil eine Leiche ja keinen eigenen Willen hat und völlig verfügbar ist«.

Auffällig war der hochintelligente Jochen Wasser schon in der Schule; weil er als hyperaktiv galt, kam er in eine Sonderschule. Als 13-Jähriger verkleidete er sich mit der Unterwäsche seiner Mutter und befriedigte sich selbst. Rückblickend kann man sagen, dass sich da schon die spätere Neigung zeigte. Ein solches Handeln kann auch als Streben des Sadisten gesehen werden, eine sexuelle Situation vollkommen zu kontrollieren – sowohl den weiblichen als auch den männlichen Part.

Nach der Schule brach Jochen Wasser eine Berufsausbildung ab, wurde wegen seiner Alkoholsucht bei der Bundeswehr vorzeitig entlassen, konsumierte danach auch härtere Drogen und landete schließlich in einem Wohnprojekt für Süchtige in Berlin.

Seine ersten Ausflüge auf Friedhöfe und in Leichenhallen hatte er da schon hinter sich – erwischt wurde er aber erst 1990, als er auf dem Friedhof Ruhleben Spuren hinterließ, die zu ihm führten. Die Straftaten, derer er angeklagt wurde, sind nicht sehr gravierend, es ging um Sachbeschädigung, Diebstahl und um beschimpfenden Unfug mit Leichen. Wasser wurde in die geschlossene Psychiatrie eingewiesen, aber nach drei Jahren wieder entlassen. Allerdings mit der Auflage, fortan zum Therapeuten zu gehen.

Das tat Jochen Wasser dann auch, einmal wöchentlich ging er zum Therapeuten. Und kam dabei jedes Mal an den Friedhöfen am Fürstenbrunner Weg in Charlottenburg vorbei. Es muss wie eine Einladung für ihn gewesen sein. Jedenfalls stattete Wasser nach den Sitzungen beim Psychologen den dortigen Friedhöfen oft einen Besuch ab. Dass nachts zwischen den Gräbern etwas Verbotenes passierte, bemerkten Arbeiter am 7. Dezember 1995, als sie beim Entwässern einer historischen Gruft eine frische Kinderleiche zwischen den alten Särgen im Wasser schwimmen sahen. Sie alarmierten die Polizei. Doch der hinzugezogene Rechtsmediziner Edwin Ehrlich konnte keine Manipulationen an dem wenige Tage zuvor nach einem Autounfall gestorbenen Kind feststellen. Man rätselte, wer die kleine Leiche aus dem Grab ausgegraben und in die Gruft geworfen hatte. War es der Vater, der gegen eine Beerdigung auf diesem Friedhof gewesen war? Waren es Ärzte, die einen möglichen Kunstfehler vertuschen und eine Exhumierung verhindern wollten? Die Ermittlungen verliefen ergebnislos – bis die Polizei Monate später wieder auf den Friedhof gerufen wurde.

Diesmal war ein Sarg aus der Kapelle gestohlen worden. Die darin liegende Tote hatte der Täter zu einem Mann in einen anderen Sarg gelegt. Wieder fanden sich keine verwertbaren Spuren, keine postmortalen Verletzungen. Dann, am 22. Mai 1996, musste die Kripo erneut zum Friedhof ausrücken. Diesmal hatte sich der Täter durch ein neu ausgeschachtetes Grab an den nebenan liegenden Sarg herangegraben, die Seite des Sarges zertrümmert, die Frauenleiche herausgeholt. »In dem aufgebrochenen Sarg lag eine am Oberkörper gehäutete Frau. Dass es solche Taten geben soll, lernt man bei der Ausbildung – aber gesehen habe ich so was bis dahin noch nie«, erinnert sich Rechtsmediziner Ehrlich. Er musste noch einmal zu dem Friedhof fahren. Wieder bot sich ihm ein ähnliches Bild, verwertbare Spuren aber hatte der Täter nicht hinterlassen. Deshalb entschloss sich die Kripo, ein offenes Grab mit Mikrofonen zu präparieren. Mit Nachtsichtgeräten legten sich die Beamten vom 5. bis zum 10. Juni 1996 auf die Lauer, ohne Erfolg. »Ich ahnte damals, dass was nicht stimmt, und war in der Zeit nicht auf diesem Friedhof«, sagt Wasser heute.

Dass er aber schnell in Verdacht geriet, war kein Wunder: In den vergangenen 50 Jahren wurden in Deutschland gerade mal sechs Fälle von Nekrophilie registriert. Nachweisen konnten die Beamten dem Mann zunächst aber nichts. »Als sie bei mir klingelten, stritt ich alles ab«, sagt Wasser. »Ich hätte es vielleicht als Warnung nehmen und aufhören sollen.« Aber er hörte nicht auf. Und die Beamten hatten ihn im Visier. Als sie erfuhren, dass er nach Bonn zu seiner Mutter reisen wollte, informierten sie die Polizei in Köln und Bonn. Prompt meldeten die Kollegen, dass in der Zeit, in der Wasser dort war, Leichen in einer Gruft geschändet wurden. Nun fand man auch Fingerabdrücke auf zurückgelassenen Bierflaschen in der Grabstätte. Die Polizei hatte also einen Grund, Wassers Wohnung zu durchsuchen. Sie fand Leichenhemden und andere gestohlene Totenwäsche.

Wasser gestand, zumindest bei der Kriminalpolizei. Vor Gericht schwieg er, wurde aber dennoch in die geschlossene Psychiatrie eingewiesen.

Dort lebt er nun seit acht Jahren, verlassen darf er die Klinik allenfalls mit einem Begleiter. Seine Entwicklung aber bezeichnet sein Arzt Utting als »positiv«. Jochen Wasser hat in der Klinik eine Beziehung zu einer Frau begonnen, er hat ein sehr enges Verhältnis zu einem Pfarrer und schloss Vertrauen zu seinem behandelnden Therapeuten. Das ist wichtig. »Denn ändern können wir die Sexualpräferenz nicht. Das ist wie bei einem Heterosexuellen, der im Knast mal homosexuelle Kontakte hat – wenn er wieder rauskommt, sucht er sich auch lieber wieder eine Frau«, erklärt Utting. »Das heißt, auch die Nekrophilie des Patienten wird lebenslang als Orientierung bestehen bleiben, was aber nicht heißen muss, dass sie auch praktiziert wird.«

Man kann Jochen Wasser also allenfalls davon abhalten, seine Taten zu wiederholen. »Zum Beispiel durch so ein Geflecht von Personen, denen er sich verpflichtet fühlt. Wenn das klappt, ist das ein Riesenschritt für Patienten, die unter ihrer Bindungsunfähigkeit leiden.« Wasser selbst sagt dann auch, er wolle seine Freundin und seinen Arzt nicht enttäuschen. »Das ist wie bei einem Mann, der nicht fremdgeht, weil er seine Frau nicht verletzen will«, erklärt Utting. Aber Jochen Wasser soll – wenn es nach seinen Ärzten geht – möglichst auch keine Lust mehr verspüren, auf Friedhöfen Leichen zu schänden.

Weil er in einigen Monaten in eine betreute Wohngruppe verlegt werden soll, bekommt er jetzt schon triebhemmende Medikamente verabreicht. »Zwingen können wir niemanden dazu«, sagt Utting, »aber die Mittel helfen natürlich, den Kopf frei zu bekommen, um Erfahrungen zu machen, die nicht durch diesen Triebdruck belastet sind. Und letztlich gibt es keine andere Therapie, um zu gewährleisten, dass der Patient in Versuchungssituationen nicht wieder rückfällig wird.« Wer die Arznei nicht nimmt, hat sowieso keine Chance rauszukommen. Das weiß auch Wasser, der sich selbst mit einem Alkoholiker vergleicht, der seine Krankheit kennt und nur die Wahl hat, trocken oder nass zu leben. »Eigentlich will ich die Mittel ja nicht nehmen, aber was bleibt mir übrig?«, sagt er.

Er hofft, ein neues Leben mit seiner – inzwischen entlassenen – Partnerin beginnen zu können, und hat schon Pläne: »Ich will einen Segelschein machen.« Er lächelt. Und hat er Angst, rückfällig zu werden? Jochen Wasser ist auf so eine Frage gefasst: »In die Zukunft schauen kann ich auch nicht. Ich weiß auch nicht, was passierte, wenn ein Schicksalsschlag auf mich zu kommt, aber ich hab' nun meine Freundin, ich hab' Menschen, denen ich verpflichtet bin.« Dann zündet er sich noch eine Zigarette an und sagt: »Seit ich diese Menschen habe, weiß ich, was ich damals den Hinterbliebenen mit meinen Taten angetan habe.« Nun verschwindet das Lächeln aus seinem Gesicht, er schaut bestimmend – wie heißt es doch: sadistisch veranlagte Menschen neigen zur Dominanz? –, Jochen Wassers Stimme wird lauter, als er bittet: »Schreiben Sie das, es tut mir Leid, was ich getan habe, ich hoffe, die Angehörigen verzeihen mir.«

Peter Brock

Tod am Schreibtisch

Es ist ein langer Tag geworden. Hanno Klein und seine Freundin Dagmar Ohm* sind müde. Sie kommen von einer Ausstellungseröffnung der Berlinischen Galerie im Martin-Gropius-Bau. Es ist 22.15 Uhr. Zwischen den Türflügeln ihrer Altbauwohnung in der Pariser Straße 62 in Wilmersdorf steckt ein dicker DIN-A5-Umschlag. Absender: die Büchergilde Gutenberg. Hanno Klein denkt sich nichts dabei und nimmt den Umschlag an sich. Während Dagmar Ohm ins Schlafzimmer der Siebenzimmerwohnung geht, setzt sich Klein, Referatsleiter der Senatsbauverwaltung, noch in sein Arbeitszimmer, um die Post durchzusehen. Es ist Mittwoch, der 12. Juni 1991.

Als Klein den dicken Briefumschlag öffnet, detoniert eine darin versteckte Bombe. Metallsplitter verletzen den 48-Jährigen so schwer, dass er keine Hilfe mehr holen kann, in seinem Arbeitszimmer zusammensackt und stirbt. Nicht einmal mehr nach seiner Freundin kann er rufen. Dagmar Ohm sagt später der Polizei, sie habe von dem schrecklichen Geschehen gar nichts mitbekommen, sie habe schon geschlafen, am anderen Ende der Wohnung. Erst am nächsten Morgen um 8.20 Uhr findet sie den Toten.

Die Tat ist der erste und einzige Mord an einem hohen Senatsangestellten nach der Wende. Das Opfer ist eine der wohl auffälligsten Personen, die es damals im wieder vereinigten Berlin gegeben hat. Hanno Klein war als Investorenbetreuer für große Bauprojekte in der Ost-Berliner Innenstadt zuständig. Geschäftsleute, die Grundstücke an der Friedrichstraße, Unter den Linden oder am Potsdamer Platz kaufen wollten, mussten ihre Pläne vorher mit ihm besprechen. Die Entscheidung, wem ein Grundstück verkauft werden sollte, fällte zwar nicht Klein selbst, sondern der damalige Koordinierungsausschuss für Investitionen (KOAI). Aber Hanno Klein bereitete die Entscheidung vor. Das war viel wichtiger.

Mal verhandelte der Referatsleiter mit einem französischen Investor über ein 400 Meter hohes Turmgebäude in Prenzlauer Berg, dann mit einem anderen über ein Hochhauszentrum an der Jannowitzbrücke. Unbeliebt machte sich Klein, als er im Nachrichtenmagazin »Der Spiegel« im April 1991 den Satz äußerte, Berlin brauche eine Gründerzeit »mit Markanz und Brutalität«. Die alteingesessenen Bewohner in Prenzlauer Berg und Mitte befürchteten, dass sie durch steigende Mieten an den Stadtrand verdrängt würden.

In Berlin fand der Unmut gegen eine rigide Stadtplanung organisierte Formen – auch gegen eine Bewerbung Berlins um die Austragung der Olympischen Spiele 2000. Bei einer Podiumsdiskussion zur städtebaulichen Entwicklung Berlins am 6. Juni 1991 im Architekturgebäude der Technischen Universität wurden Flugblätter verteilt. Die Überschrift lautete: »Nichts wäscht weißer als Olympia.« Abgedruckt war eine Kopie jenes Spiegel-Artikels mit Hanno Kleins Äußerungen sowie eine Kritik an den Olympiaplänen.

Der Sprengsatz, der Hanno Klein am 12. Juni tötete, war in einer manipulierten VHS-Videokassette, die in ihrer originalen Papphülle steckte, untergebracht. Die Kassette war so präpariert, dass sie in dem

Moment explodierte, in dem man sie aus dem Umschlag zog. Klein hatte keine Chance, die Gefahr zu erkennen.

In einem Schreiben, das am 17. Juni 1991 bei der Deutschen Presseagentur eingeht, bekennt sich eine »Aktion gegen die Umstrukturierung Berlins zum Nachteil der Kiezbewohner« zu dem Anschlag. Hanno Klein habe durch die Bombe nicht getötet, sondern nur verletzt werden sollen, heißt es darin. Es gibt jedoch Zweifel an der Authentizität des Schreibens. Zum einen, weil es erst relativ spät eintrifft, zum anderen, weil der Aufbau der Bombe nicht korrekt beschrieben wird. Außerdem meinen Experten, dass eine Briefbombe für einen Anschlag aus der linken Szene ungewöhnlich sei. Dennoch: Das Bundeskriminalamt kommt zu dem Schluss, die Täter könnten im »antiimperialistischen« oder »sozialrevolutionär ausgerichteten militanten Spektrum vermutet werden«. Nach einem linguistischen Gutachten der Kripo gilt es als wahrscheinlich, dass das Bekennerschreiben zum Attentat auf Hanno Klein von den gleichen Autoren stammt wie Bekennerschreiben der terroristischen »Revolutionären Zellen« und der Gruppe »Boomtown Rats« zu Anschlägen aus dem Jahre 1991.

Die Polizei untersucht aber auch die geschäftlichen Kontakte Kleins und sie durchleuchtet sein Privatleben. Der Senatsangestellte lebte zum Zeitpunkt des Anschlags seit drei Jahren von seiner Frau getrennt, kam aber nach Einschätzung der Beamten gut mit ihr aus. Die Ermittler überprüfen auch die Angaben von Hanno Kleins damaliger Lebensgefährtin, die von der Explosion nichts mitbekommen haben will. Bei einer Simulation des Explosionsgeräuschs stellt sich heraus, dass ihre Angaben zutreffen könnten. Andere Bewohner des Hauses hatten den Knall indes deutlich gehört. Ein Tatmotiv sehen die Beamten bei Dagmar Ohm aber nicht. Auch eine Täterschaft ehemaliger Stasi-Mitarbeiter ziehen die Ermittler in Betracht, doch lassen sich Hinweise darauf nicht weiter erhärten.

Hanno Klein galt in der Baubehörde als schillernde Figur, die so gar nicht ins Bild eines Beamten passen wollte. Der ehemalige Jungsozialist trug italienische Maßanzüge und fuhr einen Porsche, liebte Kunst und Musik. Leisten konnte er sich den Luxus, weil ihn seine wohlhabende Mutter finanziell unterstützte. Auf Grund seiner wirtschaftlichen Unabhängigkeit galt Klein als nicht bestechlich.

In der Senatsbauverwaltung glaubten viele nach dem Attentat, dass der Täter in der Baubranche zu finden sei. »Ich vermute, dass er von der Baumafia getötet wurde, aber beweisen kann ich das nicht«, sagte eine Mitarbeiterin. Klein war nach Zeugenaussagen vor dem Attentat bedroht worden.

Er hatte aber auch an Einfluss eingebüßt, als ihm im Frühjahr 1991 Senatsbaudirektor Hans Stimmann als Vorgesetzter ins Dienstgebäude an der Behrenstraße gesetzt wurde. Stimmann sprach sich im Gegensatz zu Klein für eine behutsame Stadtplanung aus. Keine Rede mehr von Markanz und Brutalität.

Wegen solcher Differenzen wollte Klein die Senatsbauverwaltung verlassen. Der damalige Bausenator Wolfgang Nagel (SPD) hatte einer Beurlaubung für die Dauer von fünf Jahren bereits zugestimmt. Von Oktober 1991 an wollte Hanno Klein bei der Wirtschaftsförderung Berlin arbeiten. Er hat aber auch einen Wechsel zum schwedischen Baukonzern Skanska oder zur französischen Firma Amery erwogen. Die Firma Amery, die in Prenzlauer Berg das 400 Meter hohe Gebäude errichten wollte, hatte dem Baufachmann sogar einen Geschäftsführerposten angeboten. Vom 14. bis 16. Juni sollte Klein deswegen nach Paris reisen, um über einen entsprechenden Vertrag zu verhandeln.

Eine Sonderkommission der Kriminalpolizei untersuchte nach der Tat alle Hinweise und Spuren. Nachforschungen über die Herkunft der Videokassette ergaben, dass der Kassettentyp in Frankreich für ganz Europa produziert wurde. Auch die übrigen Bestandteile des Sprengsatzes waren als Massenware im Handel erhältlich. Rückschlüsse auf den Täter ließen sich daraus nicht ziehen. Auf dem Briefumschlag fanden sich keine Fingerabdrücke. Die aufgeklebten Briefmarken stammten aus einem Automaten und waren nicht mit Speichel befeuchtet worden. Der Aufkleber mit dem Absender »Büchergilde Gutenberg« stellte sich als gefälscht heraus.

Als echt erwies sich dagegen der Poststempel: Die Briefbombe war im Postamt Berlin 11 in Kreuzberg abgestempelt worden. Auf welchem Weg die Bombe dann an die Wohnungstür gelangte, konnten die Ermittler nicht klären. Der Postbote Hanno Kleins versicherte, er habe den Brief nicht zugestellt. Nach Angaben einer Zeugin aus dem Haus steckte der Brief um 16.10 Uhr am Nachmittag des 12. Juni bereits zwischen den Türflügeln.

Ein Tatverdächtiger im Mordfall Hanno Klein wurde nie ermittelt. Fast vier Jahre nach der Tat stellte die Staatsanwaltschaft am 29. März 1995 die Ermittlungen ein. Es lägen keine Anhaltspunkte für Erfolg versprechende Ermittlungen vor, hieß es.

Bei den Angehörigen Hanno Kleins keimt im Jahr 2001 noch einmal Hoffnung auf, dass der Mord aufgeklärt werden könnte. Denn in mehreren ungeklärten Fällen führen neue Untersuchungstechniken zu den Tätern – so kann nun zum Beispiel auch anhand von Haaren ohne Haarwurzel der genetische Fingerabdruck ermittelt werden. Doch im Fall Hanno Klein »liegen keine Spuren vor, die auf Grund neuer kriminaltechnischer Verfahren noch ergänzend ausgewertet werden könnten«, teilt die Staatsanwaltschaft dem Rechtsanwalt der Familie mit.

Für die Witwe Hanno Kleins und ihre Verwandten ist der Fall noch lange nicht beendet. Jedes Jahr erinnern sie mit Anzeigen in Zeitungen an die ungesühnte Tat. Und sie schreiben: »Wir glauben daran, dass dieser Mord eines Tages aufgeklärt wird.«

Ulrich Paul

Blutiges Silvester

Schüsse hallen durch die Straßen von Neukölln. Es ist wie immer an Silvester. Der Lärm dringt durch die Isolierglasfenster des Neubaus, als Nurdan Özdemir*, 18, die mit Hackfleisch gefüllten Blätterteigtaschen auf den Tisch stellt. Fast hätte sie die Klingel nicht gehört. Ihr Bruder Mehmet*, 16, geht zur Tür – sicher wieder ein Kumpel von ihm. Tatsächlich: Es ist Talib Aziz*, ein gleichaltriger Junge von nebenan. »Ich hab' gesagt: Bleib und iss mit uns«, erzählt Vater Ahmed Özdemir*, 37. Talib setzt sich an den festlich gedeckten Tisch. Er hat Hunger, greift zu. »Aber er war total angespannt, hektisch, ich sagte ihm noch: Sei doch locker.« Aber das ist Talib an diesem Abend nicht. »Er meinte, er sei noch mit seinem Onkel verabredet«, erinnert sich Mehmet. »Deshalb wollte er auch nicht mit mir knallen gehen.« Kurz vor Mitternacht verlässt Talib die Wohnung im vierten Stock. »Mach's gut, mein Junge, sagte ich zum Abschied zu ihm. Das werd' ich nicht vergessen«, erzählt Ahmed Özdemir.

Seit diesem Silvester 2000/2001 hat keiner im Haus den afghanischen Jungen mehr gesehen – auch seinen Onkel nicht. Aber vergessen werden die Nachbarn die beiden nicht; oft reden sie noch über sie und über dieses Silvester.

In jener Nacht kam Talibs Onkel Salim Aziz* kurz nach ein Uhr angefahren. »Ich stand auf der Straße, und er hat gefragt, wo Talib ist«, erinnert sich Marina Karlowetz*. Die Nachbarin kannte Salim Aziz gut, schließlich war er oft bei seiner Schwägerin Shahla Aziz* ein Stockwerk über ihr zu Besuch. Kurz plauderte Marina Karlowetz mit dem 29-jährigen Afghanen, bald ging dieser weiter – »und dann begann ja das ganze Elend«, so formuliert es die Frau, die zehn Jahre zuvor aus Tadschikistan gekommen ist.

Dass die zehn Schüsse, die kurz darauf im Innenhof hallten, aus der Wohnung der Familie Aziz kamen, hat Marina Karlowetz erst später realisiert. »Geknallt hat es ja in dieser Nacht überall.« Wie ihre Nachbarin Shahla Aziz in Todesangst schrie, das hat sie noch gehört, aber helfen konnte sie der vierfachen Mutter nicht mehr. Auch nicht deren Onkel Harmid Nadjib*, 41, der auf dem Balkon kauerte und immer wieder »Hilfe! Polizei!« rief – das haben andere Zeugen gehört, Marina Karlowetz nicht. Dann, nach einigen Minuten, hat auch er in Todesangst geschrien: in dem Moment, als er von Salim Aziz auf dem Balkon entdeckt worden war und zurückgezogen wurde ins Wohnzimmer. In diesem Augenblick muss er gewusst haben, dass sein Leben vorbei war. Dass er verbluten würde, wie seine Nichte Shahla Aziz und deren 23-jähriger Bruder Yussuf Nadjib*. Er hatte ja kurz zuvor miterlebt, wie sie sterben mussten.

»Wenn der Tod mich finden will, dann findet er mich.« Shahla Aziz hatte das Monate vor jenem Silvester zu einer Freundin gesagt. Sie hat geahnt, dass ihr Schwager eines Tages vor der Tür stehen und ihr den Tod bringen würde – und sie hat fatalistisch darauf reagiert: »Mehr als mein Leben kann er mir nicht nehmen.«

Um 1.15 Uhr ist es soweit. Nachdem Salim Aziz der Nachbarin Karlowetz noch ein gutes neues Jahr gewünscht hat, steht er vor der Wohnung im vierten Stock. Die Tür ist nur angelehnt, weil der elfjährige Sohn von Shahla Aziz noch im Hof spielt. Seine drei kleineren Geschwister sind bei ihr in der Wohnung, sie werden – wie auch eine 31-jährige Freundin der Mutter und deren Sohn – Zeugen dessen, was nun geschieht. Salim Aziz geht durch den Flur, in der Hand eine halbautomatische Crevena Zastava, Kaliber 40 Smith & Wesson. Als er das Wohnzimmer betritt, in dem fröhlich gefeiert wird, sagt er kein Wort. Er feuert sofort los. Der erste Schuss trifft seine Schwägerin in die rechte Brust, der zweite zerfetzt ihr den Unterkiefer. Ihr zweijähriger Sohn Munir* rennt auf den schießenden Onkel zu. Er versteht nicht, was passiert, ist verängstigt, klammert sich ans Hosenbein seines Onkels. Salim Aziz schüttelt ihn ab, schießt weiter. Das nächste Projektil trifft den Bruder von Shahla, Yussuf Nadjib, in die linke Schulter. Der vierte Schuss gilt Shahlas Onkel, Harmid Nadjib, verfehlt diesen aber. Harmid, der im Krieg in Afghanistan einen Unterarm verloren hat, stürzt sich auf den Schützen, schreit ihn an: »Bist du bescheuert?«, drängt ihn in den Flur und nimmt ihn mit dem verkürzten Arm in den Schwitzkasten.

In diesem Moment kommt Talib Aziz, der eigentlich vor der Wohnung Schmiere stehen sollte, seinem Onkel zu Hilfe, tritt Harmid zu Boden. Salim Aziz greift wieder zur Waffe. Zwei Mal feuert er aus nächster Nähe auf den am Boden kauernden Harmid. Dieser sackt zusammen, Lunge und Hauptschlagader sind getroffen. Binnen Sekunden, so stellen später Rechtsmediziner fest, tritt der Tod ein. Salim feuert noch drei Mal auf den Sterbenden. Die schwer verletzte Shahla Aziz drängt sich schreiend vorbei, sie will raus aus der Wohnung, will flüchten. Ihr Schwager zielt erneut auf sie, aber das Magazin ist leer. Er wirft die Waffe weg und greift in seinen Hosenbund, in dem ein Dolch mit 17 Zentimeter langer Klinge steckt, holt Shahla kurz vor der Wohnungstür ein und sticht zu. Dann schleppt er sie ins Schlafzimmer, wo er vor den Augen ihres fünfjährigen Sohnes unaufhörlich weitersticht. Mehr als 50 Wunden zählen später die Rechtsmediziner. Shahla Aziz verblutet auf ihrem Ehebett.

Talib Aziz steht währenddessen im Wohnzimmer und schießt mit zwei Schreckschusspistolen um sich. Offenbar will er Yussuf Nadjib in Schach halten, der sich auf den Balkon geflüchtet hat. Als Shahla tot ist, geht Salim Aziz zurück in Richtung Wohnzimmer, den Dolch in der Hand. Auf dem Weg dorthin bleibt er kurz stehen und sticht noch mehrmals auf die Leiche von Harmid Nadjib ein, dann zieht er Yussuf Nadjib vom Balkon in die Wohnung. Inzwischen hat auch Talib ein Messer mit 13 Zentimeter langer Klinge in der Hand – gemeinsam mit seinem Onkel geht er nun auf Yussuf los. Beide stechen zu, mehr als 30 Mal. Auch Yussuf verblutet. Die Kinder von Shahla sind wie gelähmt angesichts des Horrorszenarios. Nun wird die Freundin ihrer Mutter, die sich mit ihrem Sohn ins Kinderzimmer geflüchtet hat, von Salim Aziz gesucht – sie zittert vor Angst. Aber Salim sticht nicht zu, er sagt ihr nur, sie solle schweigen, sonst würde auch ihr etwas passieren.

Die Polizei findet Talib Aziz blutverschmiert und weinend im Hausflur. Salim Aziz ist zunächst durch den Hinterausgang des Hauses entkommen, wird aber kurz darauf auch gefasst. Damit sind die Täter festgenommen, aber gelöst ist der Fall noch nicht. Es dauert Wochen, bis alle Hintergründe, die zur Tat führten, aufgeklärt sind. Denn der Showdown in der Wohnung, die hinterher aussah wie ein Schlachthof – so ein Ermittler –, war kein Amoklauf, bei dem ein Täter ziellos Menschen umbringt. Er war vielmehr der Abschluss einer langen Entwicklung, die genau geplante Tat eines Mannes, der glaubte, Blutrache für die Ehre seines Stammes nehmen zu müssen, und eines Jugendlichen, der seinem Onkel bedingungslos folgte und sich in dem Glauben wähnte, für seine Familie das Unerlässliche zu tun.

Angefangen hat alles im Februar 1999. Damals starb der Mann von Shahla Aziz an Magenkrebs. Bis dahin hatten sie mit ihren vier Kindern und mit ihrem Neffen Talib Aziz, der 1998 als 14-Jähriger von Schleuserbanden illegal nach Deutschland gebracht worden war, friedlich in Neukölln gelebt. Danach aber war es vorbei mit dem Frieden. Denn Shahla Aziz beschloss, weiterhin in ihrer bisherigen Wohnung zu bleiben, zusammen mit den Kindern, aber ohne Mann. Nach dem mündlich überlieferten paschtunischen Recht, das in ihrer Heimat, der afghanischen Provinz Paktia, herrscht, ist dies ein Ding der Unmöglichkeit. Frauen, so ist dort die Regel, sind nach dem Tod ihres Mannes, dem so genannten Levirat folgend, an einen ihrer Schwäger gebunden. »Dieser Schwager oder ein möglichst patrilinear Verwandter des Mannes wird die Witwe entweder heiraten – was in Afghanistan auch dann möglich ist, wenn er bereits eine Frau hat – oder er wird sie ohne formale Eheschließung gemeinsam mit ihren Kindern in seinem Haushalt aufnehmen und für sie sorgen«, erklärt Lutz Rzehak, Professor für Iranistik der Universität Bamberg. Als Sachverständiger hat er sich – damals noch an der Berliner Humboldt-Universität lehrend – im Auftrag des Landgerichts mit dem Neuköllner Dreifachmord beschäftigt.

Salim Aziz hatte von seiner Schwägerin verlangt, sich an das Levirat zu halten. Obwohl er bereits verheiratet war, forderte er sie auf, ihn zu heiraten. Shahla aber, die schon seit 1988 in Deutschland lebte und die deutsche Staatsbürgerschaft besaß, mochte sich diesem paschtunischen Brauch nicht fügen und Salim, den sie ihren Freundinnen gegenüber als »Idioten« und »behaarten Affen« bezeichnete, nicht heiraten. Sie wollte auch keinen anderen Mann – sie wollte als ehrbare Witwe alleine bleiben, weiterhin als Putzfrau arbeiten und mit ihren Kindern ein selbstbestimmtes Leben führen. In Afghanistan, so Rzehak, sei eine zurückgezogene Lebensform als allein stehende Witwe inzwischen denkbar – das Levirat sei »keine zwingende Pflicht«. Salim Aziz aber akzeptierte das nicht, zumal sich Shahla über eine weitere in Paktia geltende Rechtsvorschrift der Paschtunen hinwegsetzte: Sie nutzte das Erbe ihres Mannes, immerhin rund 60 000 Mark, nach ihren eigenen Vorstellungen. Sie ließ ihre Wohnung renovieren, kaufte teure Geschenke für ihre Kinder und gab mehr als 10 000 Mark für Schlepperbanden aus, damit diese ihren Bruder Yussuf und ihren Onkel Harmid nach Deutschland brachten. Beide kamen 1999 in Berlin an und beantragten Asyl.

Von dem Erbe war bald nichts mehr übrig, dabei stand es – nach paschtunischer Rechtsauffassung – der Familie des Mannes zu, und damit Salim Aziz. Mehrfach forderte dieser Geld von Shahla. Könne sie nicht zahlen, wäre er auch mit einer Heirat einverstanden, ließ der Schwager die attraktive 32-Jährige wissen. Doch diese wies ihn immer wieder ab. Und lud stattdessen häufig ihren Onkel und ihren Bruder zu sich ein. Ein Zustand, den Salim Aziz nicht dulden wollte. Denn Onkel Harmid, so übermittelte Salim seiner Familie nach Afghanistan, habe auch ein sexuelles Interesse an Shahla.

Von solchen Mitteilungen aus dem fernen Berlin aufgeschreckt, wurde am 10. Januar 2000 in Paktia eine so genannte Dshirga einberufen – eine Versammlung der Stammesältesten, bei der die Oberhäupter der Familien Aziz und Nadjib, also der des verstorbenen Mannes und der der Witwe, zusammenkamen. »Dabei wird keine Mehrheitsentscheidung getroffen, sondern es wird so lange diskutiert, bis sich alle Teilnehmer auf eine Meinung geeinigt haben«, erklärt Afghanistan-Experte Rzehak. Schließlich verständigte man sich darauf, dass die Familie Nadjib der Familie Aziz einen Ausgleich zu zahlen habe, weil Shahla das Erbe ihres Mannes unrechtmäßig verprellt habe. Ihr Vater musste sogar seinen Lastwagen in Afghanistan verkaufen, um für das vermeintliche Fehlverhalten seiner Tochter in Neukölln zahlen zu können. Außerdem wurde der Witwe übermittelt, dass die Dshirga von ihr erwarte, sich von ihrem Onkel Harmid fern zu halten und ihn nicht mehr in ihrer Wohnung zu empfangen.

Überprüft wurde die erwünschte keusche Lebensweise Shahlas von ihrem Neffen Talib. Der damals noch nicht einmal 16-Jährige war der älteste Mann in ihrem Haushalt, er begleitete sie überall hin und schaute, wenn Shahla Aziz Freundinnen besuchte, in deren Wohnungen auch schon mal im Schlafzimmer und in Schränken nach, ob sich dort ein fremder Mann verberge. Und stets berichtete er seinem »Lieblingsonkel« Salim vom Lebenswandel der Witwe. Auf diese Weise erfuhr dieser, dass sich Shahla nicht an die Auflagen der Dshirga hielt und den Kontakt zu ihrem Onkel Harmid nicht abbrach. Salim Aziz schaltete schließlich sogar einen Berliner Anwalt ein, um die Beschlüsse der Dshirga durchzusetzen. Dieser verlangte tatsächlich Geld von

Shahla Aziz, schrieb aber gleichzeitig an Salim, dass seine Forderung in Deutschland auf Grund ganz anderer Erbvorschriften ohne Rechtsgrundlage sei. Dennoch ließ sich Shahla einschüchtern und zahlte 10 000 Mark.

Zufrieden war der Schwager damit aber nicht – ihm missfiel noch immer, dass seine hübsche Schwägerin Bruder und Onkel in ihrer Wohnung empfing, wenngleich es nicht das geringste Anzeichen dafür gab, dass sie eine Beziehung mit einem der beiden hatte. Dennoch, allein der Verdacht reichte Salim offenbar aus, um seinen tödlichen Plan zu fassen.

»Wird die Ehre einer Frau verletzt, dann gilt dies zugleich als Angriff auf die Ehre ihres Gatten oder bei Witwen auf die Ehre der männlichen Verwandten des verstorbenen Gatten. Sollte eine Frau gar die eheliche Treue verletzen oder sollte auch nur ein solcher Verdacht bestehen, ist ein ehrbewusster Paschtune aufgerufen, seine Gattin und deren Liebhaber unverzüglich zu töten«, erklärte Rzehak in dem Mordprozess vor dem Berliner Landgericht. Offenbar, so der Sachverständige weiter, habe Salim Aziz eine solche »ehrverletzende Tat« als gegeben angenommen – zum einen, weil sich Shahla Aziz weigerte, ihn zu heiraten, zum anderen, weil sie den Kontakt zu ihrem Onkel nicht abbrach. Ihr Bruder musste wohl sterben, weil er nicht bereit war, seine Schwester dahingehend zu beeinflussen, dass sie Salims Forderungen erfüllte und demnach fortan ein ehrbares Leben führte.

In Afghanistan wäre ein solcher Fall kaum denkbar, meint Rzehak, denn schon aus wirtschaftlichen Gründen würde eine Witwe mit Kindern zu dem Stamm ihres Mannes ziehen. Käme es dennoch zu einer entsprechenden Situation und einem solchen Dreifachmord, so würde dieser wohl nicht von einer staatlichen Gerichtsbarkeit geahndet, er hätte vielmehr weitere Racheakte zur Folge. »Eine Rachenahme durch Blutsverwandte der Opfer gegen die vermutlichen Täter oder andere Angehörige ihres Stammlinienverbandes wären denkbar«, so der Iranistik-Professor. Denkbar wäre aber auch, dass entweder nach den ersten drei oder aber erst nach weiteren Morden eine Frieden stiftende

Dshirga einberufen würde und über die Zahlung eines Blutgeldes an die Hinterbliebenen der Opfer diskutierte.

In Berlin jedenfalls verhandelte das Landgericht über den Fall. Es verurteilte Salim Aziz zu lebenslanger Haft wegen dreifachen Mordes und Talib Aziz, dem man eine Beteiligung am Töten seiner Tante nicht nachweisen konnte, zu acht Jahren Jugendstrafe wegen zweifachen Totschlags. Der Bundesgerichtshof wies die Revision zurück und bestätigte das Urteil. Die vier Kinder von Shahla Aziz leben inzwischen bei einer Pflegefamilie außerhalb Berlins. Sie leiden noch immer unter den Eindrücken der Tat, sind teilweise stark aggressiv, wie Anwalt E. Borries Deimling berichtet, der sie als Nebenkläger vertreten hat. Psychologen behandeln die Kinder weiterhin, und das Jugendamt setzt alles daran, ihren Aufenthaltsort – auch vor afghanischen Verwandten – geheim zu halten.

Peter Brock

Unschuldig hinter Gittern

Thomas Megur* sitzt in einem Café, vor ihm steht ein Weizenbier. Er hat es noch nicht angerührt. Erst mal will er loswerden, was er zu erzählen hat. Zündet sich eine Zigarette an, inhaliert tief. »Ich rauche zwei Schachteln am Tag«, sagt der 41-Jährige. Früher habe er nicht geraucht. Früher, das war die Zeit, bevor Megur im Knast saß. Wegen Mordes an seiner Vermieterin war er im März 1984 zu einer Jugendstrafe von acht Jahren verurteilt worden. Sechs davon saß er ab, bevor er auf Bewährung entlassen wurde. Megur hatte die Tat damals zugegeben – doch er hat die Frau nicht umgebracht. Der Täter war Michael Springer*, der den Mord Jahre später gestand. Es war Springers erster Mord, sechs weitere sollten folgen.

Das Haus an der Silbersteinstraße in Neukölln ist ein unansehnlicher Neubau, errichtet irgendwann in den 70er Jahren. Dort zieht Thomas Megur im Sommer 1983 in eine kleine Wohnung. Eine Treppe tiefer wohnt seine Vermieterin, die 77-jährige Maria Schönau*. Bei ihr hat der arbeitslose 20-Jährige schon bald Mietschulden. Auch leiht sich der notorisch mittellose Mann zweimal Geld von der alten Dame, einmal 20 und einmal 30 Mark. Megur muss dafür Schuldscheine unterschreiben. Das Verhältnis zwischen Mieter und Vermieterin ist anfangs gut, fast vertraulich – dann, als Maria Schönau ihr Geld zurückverlangt, wird es schlechter. Schließlich lässt die Vermieterin den jungen Mann aus seiner Wohnung werfen, seine Sachen vor die Tür stellen, weil er die Miete nicht mehr zahlen kann.

Das alles ist mehr als 20 Jahre her. Thomas Megur aber sind diese Ereignisse so gegenwärtig, als wären sie erst gestern geschehen. Ende Oktober 1983 stand er mit einem Kumpel an einer Spätverkaufsstelle am S-Bahnhof Hermannstraße. Ein roter VW-Golf habe damals gehalten, erzählt Megur, bevor er sich seine nächste Zigarette anzündet. Zwei Herren in Zivil stiegen aus. »Sie kamen auf mich zu, sagten, dass sie mich suchen würden.« Die Männer fragten Megur, ob er sich vorstellen könne, warum. »Ich hab' sofort an meine Mietschulden gedacht. Also sagte ich: Bestimmt wegen Frau Schönau und dem Geld«, erinnert sich Megur. »Das war mein Fehler. Ich wusste nicht, dass sie ermordet worden war.«

Am 19. Oktober 1983 war Maria Schönau tot in ihrer Wohnung gefunden worden. Die Rentnerin lag halb nackt in ihrem Schlafzimmer, die Schränke waren durchwühlt. Die Polizisten fanden einen Brief, den Maria Schönau geschrieben hatte: »Wenn Sie nicht können zahlen, geben Sie sofort die Wohnungsschlüssel ab. Ich habe mich in Sie getäuscht.« Gerichtet war das Schreiben an Thomas Megur. In der Wohnung der Vermieterin fanden die Ermittler zudem zahlreiche Fingerabdrücke. Von Thomas Megur, aber auch von Michael Springer, der im selben Haus wohnte.

Doch gegen Michael Springer hegten die Fahnder keinen Verdacht. Sie ließen ihn zwar ins Büro der Mordkommission an der Keithstraße kommen und befragten ihn dort. Aber er konnte seine Fingerabdrücke mit harmlosen Besuchen bei seiner Hauswirtin erklären. Springer trat selbstsicher auf. Als er gefragt wurde, ob er Maria Schönau umgebracht habe, blieb er ruhig. Schon bald konnte er wieder gehen. Die Ermittler interessierten sich nun mehr für Thomas Megur, einen unsicher auftretenden jungen Mann, der keiner geregelten Arbeit nachging.

»Die haben mich nach der ersten Vernehmung nachts wieder gehen lassen«, erinnert sich Megur. Doch schon am nächsten Tag war die Polizei bei einem von seinen Bekannten. »Der muss denen wohl erzählt haben, dass ich am Tag, als Frau Schönau umgebracht wurde, ganz aufgelöst gewesen war und erzählt haben soll, ich hätte Scheiße gebaut.« Das war die Aussage, die der Mordkommission noch fehlte. Thomas Megur wurde festgenommen. »Ein VW-Bus hielt vor dem Haus, in dem ich bei einem Kumpel wohnte. Sie holten mich ab und steckten mich später mit zwölf Mann in eine Zelle.«

Thomas Megur hat diesen Tag nicht vergessen. Es war der 25. Oktober 1983, einen Tag später spielte im Olympiastadion Deutschland gegen die Türkei, auch das weiß er noch. »Bei der Vernehmung habe ich die Frage, ob ich die Rentnerin getötet habe, mit gutem Gewissen verneint«, sagt der heute 41-Jährige. Doch immer und immer wieder wurden ihm die gleichen oder sehr ähnliche Fragen gestellt. »Ich war nach der langwierigen Befragung damals ziemlich durcheinander. Schließlich habe ich irgendwann gesagt: ›Ja, ich war's.‹ Ich wollte einfach nur meine Ruhe haben.« Er habe geglaubt, dass sich schon alles von selbst als Irrtum aufklären werde. »So ist es doch auch in den Krimiserien«, sagt der Mann, der kaum eine Folge von »Ein Fall für zwei« auslässt. Megur wurde in Untersuchungshaft genommen. An der Tür seiner Einzelzelle klebte von Anfang an ein roter Punkt. Das bedeutet, dass jede Stunde nach dem Untersuchungshäftling geschaut werden musste. Auch nachts ging in seiner Zelle immer wieder das Licht an, wenn die Wärter nachsahen, ob alles in Ordnung war. Denn der Inhaftierte galt als labile Persönlichkeit und damit als selbstmordgefährdet.

Thomas Megur widerrief zwar Ende 1983 sein Geständnis bei der Polizei, aber da glaubte ihm längst keiner mehr. Er wurde vor Gericht gestellt. »Zwei Tage hat der Prozess gedauert, nur ganze zwei Tage.« Irgendwie kann er es noch immer nicht fassen. Der Prozess fand im Landgericht statt, Saal 318. Sein Pflichtverteidiger habe ihm geraten, trotz Widerrufs bei seinem Geständnis zu bleiben. »Wegen des besseren Eindrucks bei Gericht.« Es klingt bitter, wenn Megur über seinen damaligen Anwalt spricht. Dieser habe ihm gesagt, er käme vielleicht mit einer Haftstrafe von drei Jahren davon. »Mann, war ich damals naiv.«

In seinem letzten Wort vor Gericht sagte Thomas Megur, er sei es nicht gewesen. »Dann ist mir einfach die Sprache weggeblieben. Ich wollte noch so viel erklären, aber es ging einfach nicht.« Nachdem der Staatsanwalt acht Jahre Jugendhaft gefordert und sich das Gericht zur Beratung zurückgezogen hatte, wurde der Angeklagte in eine Wartezelle gebracht. »Zu einem, der einer Frau den Kopf abgeschnitten hatte«, erinnert sich Thomas Megur. »Der klopfte mir auf die Schulter, sagte, wenn ich es nicht gewesen sei, dann sei dies kein Problem.«

Kurz darauf wurde das Urteil verkündet: Acht Jahre Jugendhaft wegen Raubmordes an Maria Schönau. »Ich hab' das im Saal noch gar nicht realisiert. Dachte, ich bin im falschen Film. Erst in meiner Zelle bin ich zusammengebrochen, habe geheult wie ein Schlosshund. Acht Jahre, da siehst du als junger Mensch überhaupt kein Ende.« Der rote Punkt an seiner Zellentür blieb kleben.

Im Aufnahmehaus des Gefängnisses Plötzensee kam er zu zwei anderen Männern in eine Zelle. »Dort bin ich gleich zum Anfang der Haft das erste Mal richtig verprügelt worden.« Megur musste seine Halskette und sein Geld abgeben. Nach Wochen fing er an, sich gegen die Übergriffe zu wehren. »Das musst du machen, sonst wirst du immer und immer wieder schikaniert«, erzählt er. Vier Monate lang blieb Megur im Aufnahmehaus. Dann wurde er ins Haus 1 auf die Station 8 verlegt: die Langstrafer-Station.

»Wenn du da sagst, dass du unschuldig bist, bekommst du nur zu hören: Ja, ja, wir sind hier alle unschuldig.« Megur behauptete es trotzdem, wurde belächelt. Auch sein Sozialarbeiter glaubte ihm nicht. »Bring mir den Richtigen, und ich helfe dir«, sagte er dem Häftling. »Manchmal hab' ich gedacht: Vielleicht warst du es ja doch.« Weihnachten 1985 sei für ihn am schlimmsten gewesen. Er heulte die ganze Zeit, war fast alleine auf der Station, hatte keinen Ausgang. Seine Mutter war nach Stuttgart gezogen. »Sie wollte mit einem Mörder nichts zu tun haben.«

Nach dem Weihnachtsfest fand er sich langsam mit seiner Situation ab. »Da hab' ich mir gesagt: Du sitzt das ab und dann ist gut.« Megur fühlte sich schließlich, wie er selbst sagt, sogar wohl unter den Mördern und Totschlägern, machte hinter Gittern seinen Hauptschulabschluss, begann eine Malerlehre. »Alles Dinge, die ich draußen wohl nicht auf die Reihe bekommen hätte«, gibt er zu.

Nach 2098 Tagen Haft wurde Thomas Megur am 12. Dezember 1989 mit einer abgeschlossenen Malerlehre und knapp 3000 Mark in der Tasche entlassen. »Ich hab' zwei Tag lang Party gefeiert, war erst mal im Puff.« Dann ging Megur zum Sozialamt. Er bekam einen Job bei einer Asbestsanierungsfirma, eine Arbeit, die sonst kaum jemand machen wollte. Ihm war es recht, das Geld stimmte. Aber dann bohrte sich bei einem Arbeitsunfall eine Eisenstange in sein linkes Auge. Die Heilung dauerte dem Arbeitgeber zu lange. Nachdem Megur 18 Monate krankgeschrieben war, wurde er entlassen und lebte fortan von Sozialhilfe.

Zu dieser Zeit – bis 1990 – hatte Michael Springer, der wahre Mörder von Maria Schönau, bereits vier weitere Frauen getötet. Kurz nachdem er die Vermieterin erwürgt hatte, vergewaltigte der damals 22-Jährige am 24. November 1983 Sabine Matern* auf einem Spielplatz an der Neuköllner Silbersteinstraße. Er verscharrte die bewusstlose junge Frau im Sand. Sabine Matern erstickte qualvoll. Anfang Dezember des selben Jahres musste Elfriede Müller* sterben. Die 85-jährige Frau wurde von Springer überfallen, sexuell missbraucht und ausgeraubt. Springer ließ die schwer verletzte Frau auf einem Lagerplatz an der Amendestraße in Reinickendorf liegen. Elfriede Müller erfror.

An Heiligabend 1983 beging Michael Springer dann seinen vierten Mord. Gegen fünf Uhr fiel er über die 62-jährige Julia Groß* her, die am Neuköllner Schifffahrtskanal auf dem Weg zur Arbeit war. Er vergewaltigte die Frau und warf sie in den Kanal. Julia Groß ertrank. Danach machte der Serienmörder eine Pause – zwangsläufig. Er hatte auch ein 17-jähriges Mädchen und eine Verkäuferin vergewaltigt. Dafür wurde er zu vier Jahren Haft verurteilt und erst im August 1989 wieder entlassen. Mit den Morden brachte ihn die Polizei damals nicht in Verbindung. Den Fahndern war nicht einmal klar, dass diese Morde auf das Konto eines Serienmörders gingen. Im Oktober 1990 wurde dann in einem Abrisshaus an der Marienstraße in Mitte die 59-jährige Heidrun Klaus* tot in ihrer Badewanne gefunden. Die Polizei ging zunächst von einem Unfall aus. In Wahrheit aber war die Frau vergewaltigt und ertränkt worden – wieder von Springer.

»Für mich war die Sache mit meiner Vermieterin erledigt. Ich hätte nie mehr etwas dafür getan, meine Unschuld zu beweisen«, sagt Thomas Megur, während er nach mehr als einer Stunde zum ersten Mal nach dem Weizenbier greift. Er trinkt in kleinen Schlucken. Es dauert eine Weile, bis er weiterspricht. Es bewegt ihn noch heute, wenn er an die zweite Wende in seinem Leben denkt, an die Journalisten, die plötzlich bei ihm auftauchten, eigenartige Fragen stellten und dann behaupteten, ein anderer habe den Mord an Maria Schönau zugegeben.

Das war 1995. Kurz zuvor hatte Michael Springer nach einem Streit seinen Stiefbruder, der zugleich der Vater seiner Lebensgefährtin war, in einer Badewanne in Hellersdorf ertränkt. Drei Tage später vergewaltigte der betrunkene Mann in Hellersdorf die 34-jährige Annette Paulis*, die beste Freundin seiner Lebensgefährtin. Er erwürgte die Frau danach und zündete deren Wohnung an, um die Tat zu vertuschen. Doch die achtjährige Tochter der Toten hatte »Onkel Michael« noch gesehen, als er die Wohnung betrat. Durch das Mädchen kamen die Ermittler auf Springers Spur. Dieser war nach seiner Tat zur Karl-Bonhoeffer-Nervenklinik gefahren. Dort hatte er nach einer versuchten Vergewaltigung im Vollrausch 1994 den Rest einer Haftstrafe abgesessen, um seine Alkoholsucht zu therapieren. In der Klinik besuchte er einen Kumpel, der ihm Haschisch verkaufte. Noch auf dem Klinikgelände rauchte Springer einen Joint und schlief auf einer Parkbank ein. Dort blieb er liegen, bis ihn Polizisten weckten. Bei seiner Vernehmung, nach stundenlangem Schweigen, legte Springer schließlich eine Lebensbeichte ab.

»Auf einmal ist alles anders. Auf einmal fragst du dich, warum glaubt man dir erst jetzt?«, sagt Thomas Megur. »Es war irgendwie ein gutes Gefühl, dass ich das noch erleben durfte.«

Michael Springer wurde im März 1996 wegen mehrfachen Mordes – auch wegen des Mordes an Maria Schönau – zu einer zweifachen lebenslangen Haftstrafe mit anschließender Sicherungsverwahrung verurteilt. Der psychiatrische Gutachter hatte in dem Verfahren gegen den Serienmörder ausgesagt, er habe eine deformierte Persönlichkeit bei dem Angeklagte erwartet. Doch er habe einen Menschen vorgefunden, der normal sei. Dies sei bei Michael Springer gleichermaßen erstaunlich wie erschreckend.

Michael Springers Mutter verließ den Vater, als der Junge zwei Jahre alt war. Den kleinen Michael und seine sechs Geschwister ließ sie beim Vater zurück – einem Trinker. Michael Springer hasste den Vater so sehr, dass er schon im Alter von acht Jahren versucht hat, ihn umzubringen. Wie er später einem Journalisten verriet, stieß er auf einer Baustelle im Märkischen Viertel einen Sack Zement aus dem neunten Stock eines Rohbaus. Der Sack verfehlte den Vater nur um wenige Zentimeter.

Fünf Monate nach der Verurteilung von Springer stand auch Thomas Megur wieder vor einem Strafgericht. Er wollte rehabilitiert werden und eine Haftentschädigung in Höhe von rund 30 000 Mark bekommen. In dem neu aufgerollten Mordprozess kamen eklatante Fehler zur Sprache, die den Ermittlern und dem Gericht 1984 unterlaufen waren. So hatte Megur ein Alibi für die Tatzeit, ein sehr gutes sogar. Er war beim Sozialamt gewesen, das hatte er bei seiner ersten Vernehmung auch zu Protokoll gegeben – allerdings noch als Zeuge. Aber daran wollte sich später wohl keiner der Ermittler mehr erinnern. Es wurde auch niemand stutzig, als Megur in seinem Geständnis erklärte, er habe Maria Schönau in ihrer Wohnung mit einem Brett niedergeschlagen und sie dann durch Tritte und Schläge auf den Kopf getötet.

Dabei war die Frau erwürgt worden, die Gerichtsmediziner stellten bei der Obduktion keinerlei Kopfverletzungen fest. Die Ermittler wussten das damals. Allein daran hätten sie sofort erkennen können, dass Megur ein falsches Geständnis ablegte.

Ihm zugute gehalten wurde das aber erst 13 Jahre nach dem Tod der Vermieterin. Im August 1996 wurde Thomas Megur vom Vorwurf des Mordes an Maria Schönau freigesprochen. Haftentschädigung bekam er allerdings keine, weil er mit seinem falschen Geständnis selbst einen Teil der Schuld an seiner Verurteilung getragen habe, argumentierte die Justiz.

Aber warum nur hat Thomas Megur damals gestanden? Er wurde das in dem Prozess 1996 gefragt, und noch heute wird ihm die Frage immer wieder gestellt. »Ja, ja, wie kann man zugeben, was man nicht gemacht hat?« Megur schüttelt den Kopf. »Ich würde es ja selbst gerne wissen, aber ich weiß es nicht«, sagt er. »Man bezahlt ja schließlich auch keine falsche Zeche. Es kann keiner nachvollziehen, ich weiß. Nicht einmal ich selber.«

Thomas Megur lebt heute nicht mehr von Sozialhilfe. Ob er das ohne den Justizirrtum auch geschafft hätte, das weiß er selbst nicht. Inzwischen hat er einen Job bei der Berliner Stadtreinigung bekommen. Und hat fast die halbe Welt gesehen, weil ihm verschiedene Fernsehsender, in deren Talkshows er seine Geschichte erzählte, die Reisen spendierten. Er hat eine Freundin, mit der er in Zehlendorf in einer kleinen Wohnung zusammenlebt. »Ich bin selbstbewusster geworden im Knast, lass' mir nicht mehr so viel gefallen«, sagt Thomas Megur. Aber er sei nun auch aggressiver als vor seiner Zeit im Gefängnis. »Ich reg' mich schon schneller auf als früher«, meint er.

Den Prozess gegen Michael Springer, für dessen ersten Mord er sechs Jahre seines Lebens in Haft saß, hat sich Thomas Megur angeschaut. Er saß im Zuschauerraum, traute sich aber nicht, dem anderen in die Augen zu schauen. »Ich hasse ihn nicht, wie man vielleicht annehmen könnte«, erklärt Megur. »Schließlich habe ich mir den ganzen Schlamassel ja selbst eingebrockt.«

Manchmal aber kommen ihm Gedanken, die er gerne aus seinem Kopf verbannen würde. »Aber man muss schon drüber nachdenken«, sagt er und erzählt von einem anonymen Brief, den er nach seinem Freispruch bekommen hat. In dem Schreiben wurden ihm Vorwürfe gemacht. Nur durch sein falsches Geständnis, so der Verfasser, hätte Springer die Möglichkeit gehabt, noch sechs weitere Menschen umbringen zu können. Megur sitzt nachdenklich vor seinem Weizenbier. »Mann, hätte ich das damals nicht zugegeben, vielleicht wäre das andere ja wirklich alles nicht passiert.« *Katrin Bischoff*

Berufswunsch: Profikiller

Es war ein Montagmorgen, an dem sich Matthias Tiefer* sagte: »Heute machst du es.« Er stand früh auf, so als müsse er zur Arbeit gehen, duschte sich, zog sich an und steckte sich schwarze Lederhandschuhe in die Hosentasche. Ebenso die halbautomatische Pistole. Ein Bekannter hatte sie ihm für 1600 Euro besorgt. Eigentlich mochte er die Waffe ja nicht: Es war ein tschechisches Fabrikat, ohne Schalldämpfer. Und nur mit einem Schalldämpfer, davon war Matthias Tiefer überzeugt, »kann man schnell, sauber und leicht töten«. Er nahm sich vor, sich bald eine neue Waffe zu besorgen.

An diesem Montag nun fährt er mit der Straßenbahn zur Ackerhalle. Das ist eine gute Gegend, denkt er sich, weil dort noch viele alte Leute wohnen, die Rente kriegen und nichts davon ausgeben. Vor der Markthalle sieht Tiefer Elisabeth Hutsch*, eine 82-jährige Frau. Sie trägt drei Einkaufstüten in der Hand und geht an einem Stock sehr langsam die Straße entlang. Eigentlich geht sonst immer ihre Nachbarin mit ihr zum Einkaufen, aber an diesem Montag Anfang Mai 2003 hat die etwas anderes vor. Matthias Tiefer geht der alten Frau bis zur Straßenbahn-Haltestelle nach, fährt mit ihr eine Station mit und folgt ihr dann nach Hause – so wie er es sich vorgenommen hat. Im Hausflur spricht er sie an, nennt einen Namen und fragt, ob die Person hier wohne. Elisabeth Hutsch weiß es nicht. Matthias Tiefer bietet ihr an, die Taschen in den zweiten Stock zu tragen. Die Frau willigt ein. Matthias Tiefer sieht ja auch alles andere als Furcht einflößend aus: Er ist ein netter junger Mann mit kurz geschnittenen Haaren.

Aber kaum hat Elisabeth Hutsch die Wohnungstür aufgeschlossen, hat Tiefer die Tüten in den Flur gestellt und streift sich die Lederhandschuhe über. Es ist kurz vor zwei Uhr am Nachmittag. Er holt die Pistole aus der Hosentasche, setzt sie der verängstigten Frau auf die Brust und verlangt Geld. Elisabeth Hutsch aber gibt ihm keines. »Da habe ich sie genommen und in die Küche gesetzt«, sagt Tiefer später bei seiner Vernehmung. Sein Opfer versucht noch, die Gardine beiseite zu ziehen, um vom Fenster aus nach Hilfe zu rufen. Matthias Tiefer bekommt dies aber mit, hält der Frau den Mund zu, wirft sie zu Boden und würgt sie, bis sie bewusstlos ist. Schießen will er nicht, weil er ja keinen Schalldämpfer hat. Dann sucht er im Wohnzimmer nach Geld. Als er in die Küche zurückkommt, liegt die alte Frau immer noch bewusstlos da, den Kopf mit den halb geschlossenen Augen ihm zugewandt. »Ich konnte nicht hingucken«, erklärt Matthias Tiefer später vor Gericht. Er nimmt eine Plastiktüte, stülpt sie der Rentnerin über den Kopf und dreht die Enden zusammen. Elisabeth Hutsch stirbt »durch Ersticken«, stellen die Gerichtsmediziner in ihrem Bericht fest. »Das war notwendig«, sagt Matthias Tiefer vor Gericht. »Ich brauchte Geld.« Es sei eben eine »Geldbeschaffungsmaßnahme« gewesen.

Dabei hatte der junge Mann keine wirklich gravierenden Geldsorgen. Eine Handy-Rechnung über 300 Euro war offen, die Miete von weiteren 300 Euro, und 400 Euro wollte noch das Fitnessstudio von ihm haben, in dem er regelmäßig trainierte. Aus der Wohnung von Elisabeth Hutsch hat er eine Kette, einen Ring und gerade mal 40 Euro mitgenommen. Mehr fand er nicht.

Drei Verhandlungstage lang haben die Richter des Berliner Landgerichts versucht, sich ein Bild zu machen von dem 21 Jahre alten Mann vor ihnen auf der Anklagebank, der emotionslos erzählte. Er sprach nicht davon, ob er seine Taten bedauere – er sprach davon, wie er träumte, Profikiller zu werden. »Irgendetwas muss in seinem Leben komplett schief gelaufen sein«, stellte der Staatsanwalt fest. Aber was?

Elisabeth Hutsch blieb nicht sein einziges Opfer. Drei Monate später hat sich Matthias Tiefer erneut überlegt, dass er mal wieder »was machen« müsse. Diesmal ließ er die Pistole gleich zu Hause, weil er immer noch keinen Schalldämpfer hatte. Dafür steckte er sich statt der Lederhandschuhe ein dünnes Paar aus Latex ein. Er dachte, so erklärte er vor Gericht, die seien »bequemer« zum Töten.

Diesmal fährt er nach Tempelhof, eine Gegend, die der Marzahner gar nicht kennt. Auf den Bahnhöfen weicht er dem Blickfeld von Videokameras aus – sorgsam darauf bedacht, dass er nicht gefilmt wird. Dann folgt er der 91 Jahre alten Edeltraud Francke*. Matthias Tiefer spricht sie aber nicht an, er folgt ihr nur bis zu dem Haus, in dem sie wohnt. Dann geht er zur Post, kauft sich einen Packkarton, stopft ihn mit Zeitungspapier aus und verschnürt ihn. Zu Hause druckt er am Computer einen Adressaufkleber mit Name und Anschrift von Edeltraud Francke aus und klebt diesen aufs Paket. Tags darauf klingelt er bei ihr an der Tür – als Postbote. Die alte Dame bittet ihn in die Küche, wo er ihr noch hilft, die Paketschnüre aufzuschneiden, bevor er auch sie tötet.

Auch Edeltraud Francke ist erstickt, auch ihr stülpte Tiefer eine Plastiktüte über den Kopf. Aus der Wohnung fehlten 30 Euro und zwei Geldkarten. Edeltraud Franckes Tochter hat erst gar nicht bemerkt, dass der Mörder ihrer Mutter Kommoden und Schränke durchwühlt hat. Sie wunderte sich vielmehr darüber, dass alles so ungewöhnlich penibel aufgeräumt war.

Womöglich hätte die Polizei den Mörder von Elisabeth Hutsch und Edeltraud Francke nie gefunden, wäre er nicht so leichtsinnig gewesen. Mit der EC-Karte von Edeltraud Francke überwies er an einem Automaten 1900 Euro von ihrem Konto auf seines. Dann ging er zum Geldautomaten und hob Geld ab. Eine Überwachungskamera hat festgehalten, wie er die Scheine in der Hand hält und jubelnd in die Luft springt. Bevor er festgenommen wurde, zahlte er seine Miete, kaufte sich eine Cordjacke und gab seinem Bruder 20 Euro für den Friseur.

Matthias Tiefer sagte, er hätte weiter getötet, wenn er nicht gefasst worden wäre. Die Morde an den alten Frauen seien für ihn »nur zum Üben« gewesen. Ein erschreckender Satz. Wer so etwas sagt, mit dem kann doch etwas nicht stimmen, könnte man denken, der muss doch psychisch krank sein.

Wenn Matthias Tiefer vor Gericht etwas sagte, sah er niemanden an, er blickte aus dem Fenster oder zur Decke. Ein Zeichen tiefster Unsicherheit, wie die psychiatrische Gutachterin feststellte. Aber auch sie konnte nicht erklären, was in seinem Leben schief gelaufen war. Es gab keine Hinweise darauf, dass Mutter oder Stiefvater »gefühllos, asozial oder gewalttätig« gewesen seien. Tiefer selbst nahm auch keine Drogen, trank kaum Alkohol.

So wie er sein Leben schilderte, war es nicht wesentlich anders verlaufen als das vieler Gleichaltriger. Er wuchs in Marzahn auf, galt als ruhiger Schüler, der nie aggressiv wurde und immer pünktlich war. Seine Noten waren immerhin so gut, dass er den erweiterten Hauptschulabschluss erreichte. Er wäre gern zur Bundeswehr gegangen, weil dort »Zucht, Ordnung und Disziplin« herrschten, wie er sagte. Doch für eine Ausbildung bei der Bundeswehr war sein Zeugnis nicht gut genug. So entschied er sich für eine Dachdeckerlehre. Die brach er aber im zweiten Lehrjahr ab. Er erklärte, er habe sich nicht mehr abschuften wollen für das bisschen Geld und habe es nicht ertragen können, dass andere weniger arbeiteten als er, aber mehr Geld verdienten.

Seinen Vater kennt Matthias Tiefer nicht. Aber mit seinem Stiefvater soll er sich gut verstanden haben. Seine Mutter, eine Altenpflegerin, erzählte vor Gericht, sie habe sich auf ihren ältesten Sohn immer verlassen können – sie hat noch zwei jüngere Söhne und eine Tochter.

Matthias Tiefer soll oft geschlichtet haben, wenn es Streit unter den Geschwistern gab. Und er habe ihr zugehört, wenn sie ihm ihre Sorgen erzählte, so die Mutter. Nun macht sie sich Vorwürfe, dass sie den Sohn vielleicht überfordert habe mit ihren Problemen. Und ihr fiel wieder der Satz einer Lehrerin ein, die einmal zu ihr sagte: »Ihr Sohn ist ja ein ganz ruhiger. Kennen Sie ihn eigentlich, wenn er mal ausrastet?«

Der Staatsanwalt vermutete, dass Computerspiele Matthias Tiefers Hemmschwelle, jemanden zu töten, herabgesetzt haben. Seit er 16 war, spielte er – »bis der Rücken krumm wurde«, wie er sagte, bis zu acht Stunden am Tag. Ihn faszinierte es, wenn große Schlachten nachgespielt oder Terroristen gejagt werden mussten. Dann dachte er sich Strategien aus, lauerte dem Gegner auf und positionierte Scharfschützen. Er meinte: »Wenn der Gegner ausgelöscht wird, sieht das sehr beeindruckend aus.« Brauchte er neue Computerspiele, hat er sie im Kaufhaus gestohlen. Zweimal wurde er dabei erwischt und musste eine Strafe zahlen.

Matthias Tiefer selbst erklärte vor Gericht, seine Kindheit sei »ganz wunderbar« gewesen. Aber geglaubt wurde ihm nicht. »So wie er seine Kindheit schilderte, war es ganz sicher nicht«, sagte die Vorsitzende Richterin. Und die Gutachterin, für die es schwierig war, überhaupt mit ihm zu sprechen, diagnostizierte eine »extreme Kühle« in seinem Verhalten und die Unfähigkeit, über Probleme und Gefühle zu sprechen. Er sei auch nicht in der Lage, über seine Taten zu reflektieren, stellte sie fest. Er sei »wie ein Kind, das versucht, die Realität auszuschließen«. Das alles seien Symptome einer schizoiden Persönlichkeitsstörung.

Dazu passt der Satz, den Matthias Tiefer in Untersuchungshaft zu der Gutachterin sagte: »Wenn ich entlassen werde, gehe ich zur Fremdenlegion und mache legal weiter.« Er bräuchte wohl dringend eine Therapie. Aber davon war keine Rede vor Gericht. Die Gutachterin hielt ihn für voll verantwortlich mit der Einschränkung, dass er nicht altersgemäß gereift sei. Deshalb wurde der 21-Jährige noch nach Jugendstrafrecht verurteilt – mit der höchstmöglichen Strafe von zehn Jahren Haft.

Kurz vor dem Urteil hat Matthias Tiefer das letzte Wort. Er steht auf, guckt zu Boden, presst beide Fäuste gegen die Stirn, setzt wieder und wieder zum Sprechen an. Schließlich bringt er ein kurzes Schluchzen hervor und ein »Es tut mir Leid«. Man weiß nicht genau, wen er damit meint: die alten Frauen, die er qualvoll sterben ließ, oder sich selbst? »Wir wissen nicht, was für ein Mensch er ist«, sagt die Richterin in ihrem Urteil.

Sabine Deckwerth

Der verschwundene Vater

Manchmal fragt sich Venjamin Galius, wie sein Leben aussehen würde, wenn das alles nicht passiert wäre. Was für ein Mensch er dann wäre. Ob er glücklicher aufwachen, zuversichtlicher durch den Tag gehen würde? Vermutlich ja. Denn eins weiß Venjamin Galius: Er hat nicht nur seinen Vater verloren an jenem Tag im Juni 1997. Er hat auch seinen Glauben daran verloren, dass man sich aufgehoben fühlen kann in der Welt. »Ich rechne jetzt immer mit dem Schlimmsten«, sagt der 27-Jährige am Telefon. Er lebt nicht mehr in Berlin, er ist nach Zürich gezogen und promoviert dort in Biophysik. Ob er jemals zurückkehren wird? Venjamin Galius weiß es nicht. Es tut ihm gut, weit weg zu sein. Die Erinnerungen sind sowieso da. Aber auch die Hoffnung. Nicht die, dass sein Vater doch noch leben könnte, den Glauben daran hat er lange schon aufgegeben. Aber der junge Mann ist überzeugt, dass er eines Tages erfahren wird, wo sein Vater gestorben ist, wo die Überreste seiner Leiche versteckt sind. Er glaubt, dass die Mörder reden werden. Wann, weiß er nicht. Aber er kann warten. Er hat schon sieben Jahre lang gewartet.

Genau genommen beginnt das Warten am 9. Juni 1997. Als der Computerverkäufer Alexander Galius am späten Abend immer noch nicht nach Hause gekommen ist, fährt Venjamin von der Wohnung der Familie an der Leipziger Straße in Mitte zu dem Laden an der Augsburger Straße in Charlottenburg, in dem sein Vater arbeitet. In dem Geschäft sind Polizisten. Sie gehen herum, schauen alles an, es ist die Spurensicherung. Der Sicherheitsdienst hatte die Polizei verständigt, weil er abends nicht – wie sonst üblich – von dem Geschäftsführer Galius angerufen worden war. Über einem Stuhl hängt die Jacke des 50-Jährigen, es riecht nach Äther. Sein Vater sei vermutlich betäubt und entführt worden, wird Venjamin Galius mitgeteilt.

Das Warten beginnt. Zunächst ist es ein Warten voller Hoffnung: Venjamin und seine Mutter Elfrieda können sich nicht vorstellen, dass jemand dem Vater ernsthaft etwas antun will. Sie sind nicht reich, sie glauben, keine Feinde zu haben. Die Familie lebt erst seit sechs Jahren in Deutschland, sie sind aus Russland hergezogen, um ein normales, bescheidenes Leben führen zu können. Ein Leben, das ihnen als Juden in Russland nicht möglich war. Alexander Galius, der als Jude nicht hatte studieren können, hatte genug von dem Antisemitismus, den er täglich spürte. In Berlin kann der Sohn studieren, sie haben eine Wohnung, einen Cockerspaniel, der Vater hat Arbeit – es ist ein Neuanfang für sie.

Am Tag nach der Entführung klingelt nachmittags das Telefon der Familie Galius. Ein Tonband läuft, die Stimme von Alexander Galius ist zu hören. Er klingt aufgeregt, redet schnell. Er sagt, dass er entführt worden sei, dass er nur gegen eine Million Mark Lösegeld wieder frei käme und dass er sonst lebendig begraben würde. Das Gleiche steht in einem in Galius' Handschrift geschriebenen Brief, der wenige Tage später ankommt. Ein weiterer kurzer Brief ist an den Besitzer des Computerladens adressiert. Aus diesem Brief geht hervor, dass eigentlich der Besitzer hätte entführt werden sollen. Eine Verwechslung also – wahrscheinlich vermuteten die Entführer, der Mann, der jeden Abend bis in die Dunkelheit im Laden arbeitete, müsse der wohlhabende Eigentümer sein.

Die Familie Galius aber ist nicht wohlhabend. Mutter und Sohn sammeln Geld bei Freunden und Bekannten, es kommen 60 000 Mark zusammen. Das ist ein Hoffnungsschimmer. Dann jedoch klappt nichts mehr. Als sich die Entführer wieder telefonisch melden, funktioniert die Fangschaltung der Polizei nicht. Die Versuche der Geldübergabe gehen ebenfalls schief. Eine »absurde Schnitzeljagd« sei das gewesen, sagt Venjamin Galius heute. Mit auf Briefkästen, Mülltonnen und Ampelmasten geklebten Zetteln sollen die Familienmitglieder zum Übergabeort gelenkt werden. Die Polizei will nicht, dass – wie von den Entführern gefordert – Elfrieda Galius das Geld übergibt. Sie schickt Beamte, aber diese haben Probleme mit den auf Russisch geschriebenen Botschaften. Auf einem Zettel sei zum Beispiel von einer »urna« die Rede gewesen, erzählt der Sohn. Die Polizisten suchen daraufhin auf einem Friedhof nach einer Urne, in der der nächste Zettel versteckt sein könnte. »Urna« heißt aber Mülltonne.

Venjamin Galius weiß nicht, ob er seinen Vater vielleicht wiedergesehen hätte, wenn es solche Patzer nicht gegeben hätte. Nach einer Woche bricht jedenfalls der Kontakt zu den Geiselnehmern ab. Keine neuen Anrufe, keine Briefe, nichts. Weil Mutter und Sohn das untätige Warten nicht aushalten, beginnen sie selbst zu suchen, jeder auf seine Weise. Wahrsager melden sich ungefragt, bieten ihre Hilfe an, und Frau Galius hört ihnen zu in ihrer Verzweiflung und bezahlt sie. »Wir haben uns ausnehmen lassen«, sagt Venjamin heute. Er selbst habe die Vision gehabt, »aus dem, was ich weiß, ein Täterprofil erstellen zu können«. Der Mann am Telefon hatte einen russischen Akzent, die misslungene Schnitzeljagd führte durch östliche Stadtbezirke – Venjamin Galius folgert daraus, dass es sich bei den Tätern um ehemalige russische Soldaten handeln muss, die in Berlin stationiert waren.

Dass er Recht hat, zumindest, was einen der Täter betrifft, wird er erst später erfahren. Er trommelt Freunde zusammen, fährt mit ihnen nach Brandenburg, sucht die ehemaligen Truppenübungsplätze der GUS-Soldaten ab. Dort, glaubt er, müsse das Erdloch sein, in dem sein Vater gefangen gehalten wird. Er findet viele Gruben, Höhlen und Löcher. Seinen Vater aber findet er nicht. »Harte Nervenarbeit« sei das gewesen, sagt Venjamin Galius. Er kann nicht sagen, wann er nicht mehr daran glaubte, seinen Vater noch lebend zu finden. Irgendwann wollte er nur noch, dass die Ungewissheit endet.

Der Sohn wusste noch nicht, dass sie jahrelang nicht enden würde, vielleicht nie enden wird. Immer wieder passiert etwas, das Venjamin Galius die Hoffnung gibt, wenigstens zu erfahren, wo und wie sein Vater gestorben ist. Mitte September wird ein Gastwirtssohn aus Geltow bei Potsdam entführt. Es gibt Lösegeldforderungen in Höhe von einer Million Mark, drei Wochen später findet die Polizei den 20-Jährigen erstickt in einem Erdloch: Das Belüftungssystem der Grube hatte versagt.

Die zwei festgenommenen Exilrussen Iwan Grabow*, 37, und Igor Iwanitsch*, 26, gestehen, den Gastwirtssohn entführt zu haben. Venjamin Galius ist sicher, dass die beiden auch die Mörder seines Vaters sind. Auch die Staatsanwaltschaft glaubt das und erhebt Anklage gegen die Männer wegen der Verschleppung des russischen Computerfachmanns Galius. Es gibt nicht nur viele offensichtliche Parallelen – die Entführung, die Erpressung, die Höhe der Forderungen, das Erdloch –, die Polizei ist auch davon überzeugt, dass es in beiden Fällen Grabow war, der aus einer Telefonzelle in Michendorf bei den Familien der Entführten anrief. Doch den Mord an Galius geben die Russen nicht zu. Sie schweigen oder geben rätselhafte Antworten. Er müsse an seine Familie denken, sagt einer der beiden einmal. Möglich ist, dass es Hintermänner gibt und die Angeklagten deren Rache fürchten, wenn sie auch den zweiten Mord gestehen.

Obwohl es nahe läge, beide Anklagen zugleich zu verhandeln, stehen Grabow und Iwanitsch zunächst nur wegen der Entführung des jungen Gastwirtssohns in Potsdam vor Gericht. 16 Monate nach ihrer Festnahme beginnt der Prozess. Das sind 16 Monate des Wartens für Venjamin Galius und seine Mutter. Sie wollen endlich die Männer sehen, die ihnen, da sind sie sicher, den Vater und Ehemann genommen haben. Sie wollen ihnen in die Augen sehen, sie bitten, ihnen eine Antwort zu geben auf die Frage, die ihnen keine Ruhe lässt: Wo ist die Leiche von Alexander Galius?

Einem Besuch im Gefängnis hatten die beiden Angeklagten nicht zugestimmt. Doch jetzt, im Gerichtssaal, kann niemand Venjamin Galius daran hindern, vor die Anklagebank zu treten und mit leiser, eindringlicher Stimme zu fragen, wo sein Vater sei. Er schaut Grabow an, der 1991 aus Sibirien nach Deutschland kam, um mit gestohlenen Autos zu handeln. Er sieht Iwanitsch an, den ehemaligen Soldaten der GUS-Truppen, der ebenfalls wegen Diebstahls ins Gefängnis kam, wo er Grabow kennen lernte. Galius blickt in ausdruckslose Gesichter, eine Antwort bekommt er nicht.

Im Juni 1999 werden Grabow und Iwanitsch zu je vierzehneinhalb Jahren Haft verurteilt. Es wird fast zwei Jahre dauern, bis sie Mutter und Sohn Galius wieder gegenüberstehen. Im Mai 2001 beginnt der Prozess im Fall Galius. Diesmal ist es Elfrieda Galius, die im Gerichtssaal vor die Panzerglasscheibe tritt und den Angeklagten auf Russisch sagt, sie hasse sie nicht, sie wolle nur, dass ihr Mann normal begraben werde, wie jeder Mensch. Die Gesichter hinter der Scheibe bleiben reglos, wie damals in Potsdam. Jedes Mal, wenn Elfrieda Galius die beiden in den kommenden Monaten anspricht, schweigen sie. Venjamin erzählt, dass Grabow ihn bedroht habe: »Zu dir kommen wir auch noch«, habe er gezischt. Die beiden gestehen auch vor Gericht die Tat nicht. Trotzdem werden sie wegen erpresserischen Menschenraubs schuldig gesprochen. Obwohl das Gericht davon ausgeht, dass die beiden Angeklagten Galius auch getötet haben, könne man ihnen das nicht nachweisen, heißt es in der Urteilsbegründung. Die Strafe wird mit dem ersten Urteil zu einer Gesamtfreiheitsstrafe in Höhe von 15 Jahren Haft verbunden.

Aber es war nicht das Urteil, auf das die Familie, die ihren Vater verloren hat, gewartet hat. Es war ein wenig Menschlichkeit, Schuldgefühl, Scham, irgendetwas, das die Täter hätte dazu bewegen müssen, die Wahrheit zu sagen.

Der Sohn wartet weiterhin darauf. Er glaubt, dass Iwanitsch, der Jüngere der beiden, eines Tages auspacken wird. Dieser wirke zugänglicher und so, als ob es ihn erleichtern könnte, über die Tat zu sprechen.

Venjamin Galius sagt nicht, dass es ihm gut geht heute. Er sagt, dass die schlimmste Zeit vorüber sei. Nicht nur emotional, sondern auch finanziell gesehen. Denn in den ersten Jahren lebten Mutter und Sohn fast nur von dem Geld, das er während seines Studiums dazuverdienen konnte. Allerdings gibt es da noch ein »Damoklesschwert«, wie es Venjamin Galius nennt, eine weitere absurd-tragische Wendung der Geschichte. Kurz nach seiner Festnahme wegen der Entführung des Gastwirtssohns war Grabow aus dem Potsdamer Gefängnis geflohen, und Galius' Anwalt hatte für Hinweise zu seiner Ergreifung 300 000 Mark ausgelobt. Diese forderte ein arbeitsloser Lokführer ein, der Grabow ein paar Tage lang beherbergte, den Flüchtigen aber schließlich an die Polizei verriet. Das Gericht entschied, dass Galius das Geld zahlen muss. Dieser wiederum fühlt sich nun von seinem Anwalt im Stich gelassen, der ihn zu dieser Belohnungsaktion überredet habe, obwohl er wusste, dass sein Mandant das Geld nicht würde zahlen können. Schon lange hat Galius nichts mehr von den Anwälten des Lokführers gehört. Möglicherweise wird dieser das Geld doch nicht verlangen. Doch der Student klingt, als habe er nicht mehr viel Glauben daran, dass ihm auch mal etwas unerwartet Gutes geschehen könnte.

Venjamin Galius spricht ruhig, bedacht. Man traut ihm die Entschlossenheit zu, die es gebraucht haben muss, in einsamen brandenburgischen Wäldern nach der Leiche seines Vaters zu suchen. Seine Mutter habe das Verschwinden ihres Mannes nicht verarbeiten können, erzählt er. Sie lebe jetzt wieder in Moskau, bei ihrem älteren Sohn, der nicht mitgekommen war nach Berlin. Elfrieda Galius ist Mathematikerin, aber sie arbeitet nicht mehr, sie sei seelisch nicht in der Lage dazu. Ihre Rente ist winzig, der Sohn ist gerade dabei herauszufinden, was ihr an Entschädigung zustehen könnte. Er weiß zum Beispiel mittlerweile, dass es finanziell gesehen von Vorteil ist, dass sein Vater vom Arbeitsplatz weg entführt wurde. So bewertet die Versicherung sein Verschwinden als Arbeitsunfall.

Um Geld zu bekommen, musste Venjamin Galius aber seinen Vater erst einmal für tot erklären lassen. Das hat er vor einem Jahr gemacht, im Amtsgericht Mitte. Er bezahlte 400 Euro. Dafür bekam er einen Zettel, auf dem steht, dass sein Vater tot ist. Lieber hätte er das aus dem Mund der Mörder gehört.

Petra Ahne

Nicht therapierbar

Prüfende Blicke von Beamten hinter Monitoren. Türen, deren Scheiben mit feinen Metallgittern durchzogen sind und die sich nur auf Knopfdruck öffnen. Eine Schleuse wie auf dem Flughafen, die Metall in den Taschen mit einem Signalton registriert. Dann ein langer Gang mit Fenstern zum Hof aus Sicherheitsglas, das nicht splittert. Es dauert eine Weile, bis man ins Innere vorgedrungen ist. Zu ihm. Zu Fred Rabe*.

Er wartet im Besucherraum. Mit lässig übereinander geschlagenen Beinen sitzt er an einem Tisch mit Blümchen-Plastikdecke, wie er im Warteraum jeder Arztpraxis stehen könnte. Nur die bunten Zeitschriften fehlen. Und die Tür nach draußen ist verschlossen.

Er hat sich äußerlich kaum verändert. In alten Zeitungen waren Fotos von ihm. Sie zeigten ihn auf der Anklagebank: ein Mann Mitte 20 in Nadelstreifenanzug und mit Krawatte, eine Brille mit Goldrand bedeckt das halbe Gesicht. Das war vor 20 Jahren. »Berlins schrecklichster Verbrecher« haben die Boulevardblätter damals getitelt. Weil er mehr als sieben Frauen vergewaltigt und drei von ihnen getötet hat.

Seitdem sitzt er hinter Gittern, die meiste Zeit auf einer der geschlossenen Stationen der Psychiatrie – im so genannten Maßregelvollzug in Reinickendorf. »Weil er gefährliche Anlagen hat, soll er sich nicht mehr als freier Mann unter freien Menschen bewegen können«, hatte der Vorsitzende Richter in seiner Urteilsbegründung gesagt. Nie hat Fred Rabe bisher mit Journalisten gesprochen. Nun ist er 43 Jahre alt.

Bevor er redet, denkt er sekundenlang nach. Lehnt sich zurück und legt den Kopf etwas schief, als könne er so besser seine Gedanken formulieren. Dann sagt er Sätze wie: »Ich will verstehen, wer ich bin und was ich gemacht habe.« Oder: »Ich wünsche mir manchmal, weniger an meine Opfer denken zu müssen.« Manchmal, wenn er spricht, richtet er seinen rechten Zeigefinger zur Brust. Tippt gegen eine Stelle unter seinem Herzen, knapp über dem Bauch. Als könnte irgendwo da drinnen seine Seele sein. Eine Seele, die ihn beherrscht, sein Denken, sein Tun. Und die anderen Menschen Angst macht. Eine Seele, über die kaum jemand etwas weiß – die Therapeuten nicht, die ihn betreuen, und auch er selbst nicht.

Alles an Fred Rabe ist korrekt bis ins Detail. Sein Haar ist kurz geschnitten, der Vollbart, den er jetzt trägt, sorgfältig gestutzt. Er trägt hellblaue Jeans, die wie gebügelt aussehen, und eine Art Hawaiihemd, das keine einzige Knitterfalte hat. Nur die Schuhe passen nicht dazu: Sandalen ohne Riemchen an den Fersen. Vielleicht besitzt er ja keine anderen. Denn Schuhe gehören zu den Dingen, die man am wenigsten in einer geschlossenen Klinik braucht.

Tabak ist wichtig. Er raucht viel. Seine Zigaretten hat er in eine Plastikschachtel sortiert. Er stopft sie selbst; die Hülsen, sagt er, lasse er sich einmal im Monat von Aldi mitbringen, den Tabak liefere ein Zigarettenhändler einmal in der Woche ins Haus. Selbst stopfen ist billiger. Selbst stopfen hilft über die Zeit. Wie ein Buchhalter listet er auf, wie viele Zigaretten er raucht. Seit 20 Jahren notiert er, wie viel Geld er wofür ausgibt – in jeder Woche, in jedem Monat, in jedem Jahr. Er sagt: »Ich bin ein Zahlenfetischist.«

Zahlen geben ihm Macht. Mit Zahlen kann er sein Leben kontrollieren und anderen imponieren. Er speichert sie wie ein Computer. So nennt er, ohne zu überlegen, den Tag, an dem er in die geschlossene Abteilung der forensischen Psychiatrie auf dem Gelände der ehemaligen Karl-Bonhoeffer-Klinik kam. »Am 9. Oktober 1985.« Oder den Geburtstag seines Kaninchens: »Der 7. September 2001.« Den Tag, an dem er verhaftet wurde: »Am 21. Juni 1984.«

Bettina* und Kathrin* wären heute fast genauso alt wie er: zwei Schülerinnen aus Norwegen, im März 1982 auf Klassenfahrt in Berlin. Bettina war damals 19, Kathrin 18 Jahre alt. Sie saßen am Abend des 14. März im Jazzkeller »Quasimodo« an der Kantstraße, gegen Mitternacht bekamen sie Hunger. Die Mädchen ließen ihre Jacken zurück und gingen los, um sich mal schnell eine Pizza zu holen. Fred Rabe saß in seinem Ford Escort, als er sie auf der Straße sah, sie ansprach und ihnen anbot, sie zu einer Pizzeria zu fahren. Er muss Vertrauen erweckt haben, sie stiegen in sein Auto. Erst fuhr er sie zu einer Pizzeria an der Lietzenburger Straße, dann aber nicht zurück zum »Quasimodo«, sondern direkt in den Grunewald, in die Nähe des Teufelssees. Dort holte er eine Luftdruckpistole unter dem Sitz hervor, bedrohte die Mädchen und fesselte Bettina an einen Baum. Sie musste zusehen, wie er Kathrin vergewaltigte. Dann fesselte er Kathrin und sperrte sie in den Kofferraum seines Autos. Bettina zerrte er auf den Beifahrersitz. Sie riss die Tür auf, sprang aus dem Wagen und rannte weg. Rabe fuhr ihr hinterher, schlug sie mit der Pistole nieder und überrollte sie viermal mit dem Auto. Ihre Leiche warf er in ein Gebüsch.

Mit Kathrin im Kofferraum fuhr er zu seiner Wohnung in Wedding. Er holte ein Beil aus der Küche und fuhr mit seinem Opfer weiter ziellos durch Berlin. Zwischendurch hielt er mehrmals an abgelegenen Parkplätzen an, öffnete den Kofferraum, weidete sich an Kathrins Qualen und genoss ihre Angst. Er allein hatte die Macht, er konnte bestimmen, wann und wo sie stirbt. Auch Kathrin starb im Grunewald nahe des Teufelssees. Zuerst schob ihr Peiniger den hölzernen Griff eines Regenschirms unter das Tuch an ihrem Hals und zog so lange, bis der Griff zerbrach. Dann durchschlug er mit dem Küchenbeil ihre Kehle.

Spaziergänger fanden die Leichen der Mädchen. Zu ihrem Mörder aber fehlte trotz aller Bemühungen – es war die bis dahin größte Fahndungsaktion der Nachkriegsgeschichte Berlins – zwei Jahre lang jede Spur. Er wäre vermutlich nie entdeckt worden. Doch er verriet sich schließlich selbst. Am 20. Juni 1984 fesselte, knebelte und vergewaltigte Fred Rabe im Keller des Europacenters eine 19-Jährige. Nach stundenlangem Martyrium ließ er sie laufen. Er hatte ihr alles über sich und sein Leben erzählt. Einen Tag später wurde er festgenommen.

Warum hat er sich dem Mädchen offenbart? »Das bringe ich selbst nicht auf die Reihe«, sagt er. »Mein Unterbewusstsein hat mich wahrscheinlich ans Messer geliefert. Wäre ich nicht verhaftet worden, hätte ich weitergemacht. Man wird immer abgebrühter, immer unmoralischer.«

Nach seiner Festnahme hat Fred Rabe weitere Vergewaltigungen und einen dritten Mord gestanden. Eine Woche, bevor er die beiden Schülerinnen tötete, quälte und erstach er eine junge Frau und warf ihre Leiche in den Müll. Unbemerkt wurde sie in einer Müllanlage verbrannt. Wer die Frau war, wie sie hieß, ist bis heute nicht bekannt.

Quälen ihn Schuldgefühle? Hat er Mitleid mit seinen Opfern, mit Bettina, Kathrin und der unbekannten Toten? Oder tut er sich nur selbst Leid in seiner, wie er sagt, »perspektivlosen und hoffnungslosen Situation«? Rabes Antworten fallen nicht eindeutig aus. Er sagt, grundsätzlich fände er es nicht pervers, Frauen zu beherrschen und zu erniedrigen. Pervers sei es nur dann, wenn dies gegen den Willen der Frauen geschieht. »Hätte ich das damals so gesehen, hätte ich es nicht gemacht.«

Die Psychiater sprechen von einer schweren Persönlichkeitsstörung. Von einem »Hang zu sadistischen Fantasien« und »seelischer Abartigkeit«. Menschen wie Fred Rabe müssen Macht ausüben und dominieren. Sie finden nur dann ihre größte Befriedigung, wenn sie andere demütigen, ihnen Schmerzen zufügen, sie zerstören. Es gibt keinen vergleichbaren Fall, der erfolgreich therapiert worden wäre, haben die Gutachter im Prozess berichtet. Denn der Defekt liege in den Wesenszügen, und man könne über Jahre gewachsene Persönlichkeitsstrukturen kaum beeinflussen. Trotzdem sprachen sie sich für einen Versuch aus, weil man das Ausmaß eines solchen seelischen Defekts nur schlecht einschätzen könne.

Die geschlossene Abteilung für Straftäter ist ein moderner Bau im letzten Winkel des Reinickendorfer Klinikgeländes. Von Heilung spricht dort niemand. Lediglich von dem Versuch, eine Krankheit unter Kontrolle zu bekommen. Zu erreichen, dass »jemand von selbst seine sadistischen Fantasien stoppen kann«, wie Marion Anthoff es sagt, die hier leitende Psychologin ist. Das gehe nur mit Medikamenten und mit Psychotherapie – und auch nur dann, wenn ein Patient das will.

Ein Teil der Patienten hat Psychosen, ist manisch-depressiv oder schizophren. Ihre Chancen auf Besserung stehen nicht schlecht, sagen die Ärzte. Wer regelmäßig Medikamente nehme, bleibe zwar weiter auffällig, töte aber nicht mehr. Für Fred Rabe gilt das nicht. Bei schweren Persönlichkeitsstörungen ist eine Prognose viel schwieriger. Psychologen sprechen in solchen Fällen von einer Störung des »Gefühls-Kontrollmechanismus«, von Fehlern in Schaltkreisen des Gehirns, mit denen Menschen ihre Gefühle regulieren. Jemandem wie Fred Rabe fehlt die Notbremse, die andere vor unbeherrschten Aggressionen bewahrt. Die Gene könnten als Ursache eine Rolle spielen, Hirnschäden oder frühkindliche Störungen in der Beziehung zur Mutter. Vielleicht sind es auch mehrere Faktoren zugleich.

Bei Fred Rabe war in einem der Gutachten von »einer gespenstischen Abhängigkeit zwischen Mutter und Sohn« die Rede. Fred Rabe wuchs in einem Einfamilienhaus im Ruhrgebiet auf. Die Mutter war Hausfrau, der Vater Kraftfahrer. Seit einer Hirnhautentzündung im Alter von 14 Monaten galt Fred als ein sehr verhaltensauffälliges Kind. Wie eine Glucke soll die Mutter ihn bewacht haben. Sie ließ ihn nie mit anderen Kindern spielen, verbot das Fahrradfahren, sperrte ihn ein und band ihn, wenn nötig, auch an. In einem Brief an ihn erklärte sie später, warum sie das tat. Ein Kinderpsychologe hätte ihr geraten, ihn nie alleine spielen zu lassen. »Weil du sonst Sachen machen könntest, die nie wieder gut zu machen seien, da warst du fünf Jahre alt.« Er kackte aus Protest in ihren Schrank. Er schwänzte die Schule, blieb dreimal sitzen, schaffte es gerade bis zur sechsten Klasse, er log und stahl. Als Zehnjähriger hatte Fred Rabe 50 Fahrräder gestohlen. Wenn der Vater nach tagelangen Fernfahrten nach Hause kam, bestrafte er ihn mit dem Ledergurt. Aber da wusste der Junge schon nicht mehr, wofür er die Schläge bekam. »Der Vater als sadistisch strafende Instanz«, so wurde dies in einem der Gutachten beurteilt.

Mit 14 Jahren hatte Fred Rabe seine ersten sadistischen Fantasien. Er spricht heute von »Spinnereien«, mit denen er Ohnmachtsempfinden und Hoffnungslosigkeit kompensiert habe. »Der Kleine, der auf die Schnauze kriegt, träumte abends im Bett davon, wie er als Supermann anderen auf die Schnauze haut.« Er sagt, seit er 14, 15 war, habe er sich vorgestellt, »groß, mächtig, omnipotent und frauenbeherrschend zu sein – in immer perverseren, abartigeren Formen«.

Mit 15 Jahren versuchte er, eine Mitschülerin zu vergewaltigen, und verbrannte ihr mit einer glühenden Zigarette die Brust. Er erhielt eine Jugendstrafe und kam in ein geschlossenes Heim. Dort machte er eine Maurerlehre. Als er zur Bundeswehr sollte, ging er nach Berlin, um sich dem Wehrdienst zu entziehen. Er schlug sich in der Stadt als Maurer, Kellner, Büfettier, als DJ, Türsteher oder Weinvertreter durch. Fred Rabe sagt, er habe vor seiner Verhaftung ein agiles Leben mit jeder Menge Frauenbekanntschaften geführt. »Die Frauen flogen erstaunlicherweise auf ihn«, schrieb ein Gutachter. Er war auch einmal verheiratet, zwischen 1982 und 1984, in der Zeit nach den Morden und vor der letzten Vergewaltigung. In diesen zwei Jahren hat er keine Taten begangen, wahrscheinlich auf Grund der emotionalen Nähe zu seiner Frau.

Auf der Station ist er mit 15 anderen Männern untergebracht. Es sind Sexualstraftäter wie er, die töteten, Frauen vergewaltigten, Kinder missbrauchten und von Gerichten als vermindert schuldfähig oder als schuldunfähig erklärt worden sind.

Die Patienten haben Einzelzimmer und einen gemeinsamen Aufenthaltsraum. Von ihren Dienstzimmern aus haben Therapeuten und

Schwestern die Station im Blick. Sie tragen keine weißen Kittel wie in einem Krankenhaus, um die Atmosphäre zu entspannen. Genau führen sie Buch, wer wann »auffällig« wird, laut schreit, mit Gewalt droht.

Fred Rabe droht nie. Er versteckt sich eher, wenn es zu Gewaltausbrüchen kommt, zitternd vor Angst. Auch das gehört zu seiner Struktur: Er ist nur dann stark, wenn andere schwächer sind als er. Fred Rabe bekommt auch keinen Ausgang und keinen Urlaub. In den vergangenen 20 Jahren war er nur einmal »draußen« – mit Handschellen gefesselt, von einem Therapeuten, einem Pfleger und einem Wachschutzbeamten begleitet. Das war im September 1999. Er durfte seine Freundin besuchen, die im Krankenhaus Buch im Sterben lag.

Seinen Alltag hat Fred Rabe streng organisiert. »Disziplin ist das Einzige, das einen am Leben hält.« Jeden Morgen um halb acht steht er auf. Er braucht zwar keinen Wecker, aber er stellt sich mindestens zwei. Dann einen Kaffee, eine Zigarette. Um acht beginnt die Arbeitstherapie. Zehn Jahre lang arbeitete er in der Malerei, drei in der Tischlerei. Jetzt kümmert er sich um die Tiere der Patienten – sechs Kaninchen, ein Meerschwein, eine Maus. Sie leben im Innenhof in einem Gehege.

Die Arbeitstherapie dauert gut fünf Stunden am Tag. Beschäftigung bringt Abwechslung und 66 Cent pro Stunde zusätzlich zu den 88 Euro Sozialhilfe monatlich. Fred Rabe bezahlt davon seinen Tabak und das, was er am liebsten isst: Sprühsahne, Schattenmorellen und Eis. Auch das lässt er sich von Aldi mitbringen.

Er verbringt viel Zeit mit Schach und »Klammern«, einer Mischung aus Doppelkopf und Skat, wie er sagt. Das spielt er mit anderen Männern auf seiner Station. Er managt auch den Tabakeinkauf, organisiert gemeinsame Runden mit Kaffee und Kuchen und läuft sofort zum Chefarzt, wenn ihn oder andere etwas stört. Die anderen haben ihn zu ihrem Sprecher gewählt. »Ich bin wer hier im Haus«, meint Fred Rabe. »Selbst wenn mir andere Größenwahn und Narzissmus unterstellen – hier habe ich meine Tiere und meine sozialen Aufgaben. Hier bin ich wer.«

Sein Zimmer ist 10,38 Quadratmeter groß, er weiß es exakt. Von seinem Leben in Freiheit sind nur Reste übrig geblieben. Alle Fotoalben habe er aufgehoben, erzählt er, und die Versicherungsunterlagen für die Rente später natürlich auch. Seit er in der Klinik ist, hortet er Zeitungen und Bücher »wie ein Archivar«. Viele Bände über Sadomasochismus habe er sich besorgt und Bücher über Psychologie. Sämtliche Artikel über die Klinik hob er auf und Berichte über Gewaltverbrecher. Fred Rabe liest jeden Tag die Zeitungen, beteiligt sich schriftlich an jeder Wahl und kennt alle Senatoren Berlins. Er sagt, viel zu wissen sei wichtig, denn »was man einmal im Kopf hat, kann einem keiner mehr nehmen«. Aus seinem Mund klingt dieser harmlose Satz erschreckend. Er kann ja auch auf die Erinnerungen an seine Taten zutreffen, auf die Bilder der Qualen von Bettina, Kathrin und den anderen Frauen, die er jederzeit hervorholen kann, um sich daran zu berauschen.

»Ich kann zwar sagen, was ich getan habe, aber ich kann nicht sagen, warum«, hat Fred Rabe während seines Prozesses erklärt. Inzwischen will er erkannt haben, was mit ihm los ist. Einmal in der Woche geht er zur Therapie. Dann sitzt er einem Psychologen gegenüber, der seit 20 Jahren extra seinetwegen in die Klinik kommt. Es ist der gleiche Mann, der im Gerichtssaal sagte, dass es nur schwache Hoffnungen für eine erfolgreiche Behandlung gibt.

In dieser Form der Therapie stellen die Psychologen keine Fragen. Sie warten ab, was ein Patient von sich aus erzählt – über seine Kindheit, seine ersten sexuellen Erlebnisse, über die Beziehungen zu seiner Mutter und zu seinem Vater. Steinchen für Steinchen soll sich so ein Mosaik der Sexualentwicklung zusammensetzen – das ist die Idealvorstellung. Irgendwann, so hoffen die Psychologen, redet ein Patient über seine Taten, darüber, wie er seine Opfer auswählte, demütigte, tötete und höchste Befriedigung empfand. Dann kommt vielleicht auch der Punkt, an dem er einen Zusammenhang zu seiner persönlichen Entwicklung sieht. Es heißt, was erkannt und ausgesprochen ist, verliert das Außergewöhnliche, entspannt innerlich und macht frei von Aggression. Medikamente könnten dabei helfen, die Bilder im Kopf des Patienten zu vertreiben. Es gibt Hormonpräparate, die den Sexualtrieb hemmen, die »weicher« machen, wie die Psychologen sagen, zugänglicher und ruhiger. Fred Rabe aber sagt, er lehne Pillen ab, weil er nichts davon halte. Vielleicht hat er Angst, dass ihm ohne sadistische Fantasien kein Lustempfinden mehr bleibt.

Erst wenn einer einsieht, was er getan hat, wenn er versteht, was sein Opfer fühlte und litt, werde es keine Rückfälle mehr geben, erklärt die Psychologin Marion Anthoff. Nur, woher weiß man, wann jemand soweit ist? Fred Rabe meint, 15 Jahre lang habe er gehofft, eines Tages die Klinik verlassen zu können. Dass er mal die Museumsinsel besuchen könne und den restlichen Osten der Stadt, in dem er noch nie war. Dann hat er das Gutachten gelesen, das der Professor für Sexualwissenschaft Klaus Beier vor fünf Jahren über ihn angefertigt hat. Darin steht, dass noch mindestens weitere zehn Jahre in der Klinik erforderlich seien, weil er noch immer gefährlich sei. Also keine Aussicht auf Lockerungen in absehbarer Zeit. Und erst recht keine Entlassung. Rabe hat daraufhin sämtliche Kontakte nach außen abgebrochen. Nur seine Mutter, die in Westdeutschland wohnt, besucht ihn einmal im Jahr. Er hat sich eingerichtet auf viele weitere Jahre mit Schach, Schattenmorellen und Kaninchen. »Ich glaube, ich werde nicht wieder straffällig«, sagt er. »Aber meine Hand kann ich dafür nicht ins Feuer legen.«

Sabine Deckwerth

Dagoberts Welt

»Ich hatte die Pistole schon in der Hand«, erzählt der Mann beim Frühstück im Café. »Ich hielt sie mir an die Schläfe – entsichert.« Er lacht. Aber das, was er erzählt, ist nicht lustig. Schließlich war es nicht das einzige Mal in seinem Leben, dass er kurz davor stand, sich umzubringen. Schon als Jugendlicher hatte er Depressionen, und als er dann mit der Pistole im Bett lag, damals, 1988, ging es ihm auch gar nicht gut. Trotzdem lacht der Mann. Vielleicht, weil man es von ihm erwartet, dass er witzig ist, unterhaltsam, dass er selbst bei dieser authentischen Lebensgeschichte noch eine Pointe findet. Es kann doch nicht sein, dass der lustigste Verbrecher, den dieses Land je hatte, tatsächlich krank war. Nein: Jemand, der sich nennt wie ein Erpel im Comic, der darf kein Jammerlappen sein, keiner, der profane Erklärungen für seine Straftaten findet. Der muss doch witzig sein – oder?

Offenbar denkt das selbst Arno Funke noch manchmal. Und ein bisschen was Wahres ist wohl auch dran. Der Schalk, wie er sagt, steckte ihm schon immer im Nacken. Deshalb meint er nun, nachdem er abrupt aufgehört hat zu lachen: »Tja, und dann, wenn man so da liegt, stellt man sich sogar selbst noch als Leiche vor.« Er sagt das so, als habe das ihn abgeschreckt, wirklich abzudrücken. Aber Arno Funke hat damals auch noch anderes gedacht: »Bevor du jetzt den Hebel der Pistole durchziehst, kannst du auch etwas probieren, was anderes machen, du brauchst dich ja an keine Regel mehr halten.«

Das war der Moment, in dem aus dem Schildermaler und Lackierer Arno Funke ein Kaufhauserpresser wurde. Zunächst ein unbekannter, aber erfolgreicher. Er platzierte am 10. Mai 1988 in der Spielwarenabteilung des KaDeWe eine Bombe, die aber nicht explodierte, und bastelte dann – nach einer missglückten Geldübergabe – einen zweiten Sprengsatz. Dieser ging am 25. Mai 1988 um 23.14 Uhr zwischen Regalen mit Sportbekleidung in dem Kaufhaus am Wittenbergplatz hoch. Nun zahlte der Konzern: Am 2. Juni warf ein Bote kurz vor 21 Uhr ein Päckchen mit 500 000 Mark aus einem S-Bahnzug zwischen den Bahnhöfen Pape- und Yorckstraße. Arno Funke entkam, unerkannt und reich.

Vier Jahre später dann, als das Geld weg war und er es nicht – wie zunächst geplant – zur Existenzgründung als Currywurstbudenbesitzer nutzte, wurde aus Arno Funke ein von Zeitungslesern und Fernsehzuschauern gemochter und von Polizisten respektierter Erpresser. Dagobert, benannt nach der Comicfigur, die zufällig auf einen Turnbeutel gedruckt war, den Arno Funke für eine spätere Geldübergabe nutzen wollte. Fortan nannte er sich selbst so. Reich wie Onkel Dagobert wurde er aber nicht.

Gerade einmal vier Tausend-Mark-Scheine und jede Menge Papierschnipsel erbeutete Dagobert am 14. August 1992. Zwei Monate zuvor, in der Nacht vom 12. auf den 13. Juni, hatte er in der Porzellanabteilung bei Karstadt in Hamburg eine Rohrbombe explodieren lassen und gedroht, wenn der Konzern nicht eine Million Mark zahle, würden weitere Sprengladungen in die Luft gehen. Nachdem die erste Übergabe scheiterte, klappte die zweite: Funke hatte ein mit vier Magneten ausgestattetes Abwurfgerät gebastelt und in einem Schließfach hinterlassen. Die Polizei sollte es am letzten Wagen des IC Käthe Kollwitz Hamburg–Berlin anbringen. Das taten die Beamten auch – und sie waren sich sicher, Dagobert nun überlisten zu können. Schließlich hatten sie seit dem ersten Übergabeversuch ein solches Abwurfgerät in Händen und konnten es untersuchen. Wieder wollte der Erpresser das Signal per Funk geben und wieder war, um die Batterien zu schonen, eine Schaltuhr außen am Gerät angebracht, die dafür sorgte, dass es erst ab einem bestimmten Zeitpunkt »auf Empfang« ging.

Die den Zug observierenden und darin mitfahrenden Polizisten dachten also, sie könnten es sich bis zu der auf der Uhr eingestellten Zeit gemütlich machen. Doch da kannten sie Dagobert schlecht: Für die zweite Übergabe hatte er nämlich einen Apparat gebastelt, dessen äußere Schaltuhr nur eine Attrappe für die Polizei war. Die echte Uhr befand sich innen und war nicht zu sehen. Und sie löste eine Dreiviertelstunde früher aus, sodass Arno Funke in aller Ruhe das herabfallende Päckchen von den Gleisen einsammeln konnte. »Außer gefrustet in die Luft zu schießen, war nichts mehr möglich«, erinnert sich Artur Heins, der damals als Kriminalhauptkommissar den Erpresser jagte, in einem Artikel für die Zeitschrift »Der Kriminalist«. Auch der im Paket versteckte Peilsender führte die Beamten nicht auf die Spur des Erpressers, denn er wurde erst durchs Öffnen aktiviert, und Dagobert ließ das Paket verschlossen, bis er tags darauf zurück in Berlin war. Dort allerdings fand er außer Papier eben nur die vier Tausender.

Mehr Erfolg sollte ihm auch in den kommenden 22 Monaten nicht beschieden sein – der Polizei allerdings auch nicht. Die 15 Mitglieder der Sonderkommission Dagobert und die mehr als 2000 Beamten, die teilweise bis zu 3900 öffentliche Kartentelefone in Berlin observierten, konnten Arno Funke lange nicht schnappen. Der depressive Einzelkämpfer narrte sie alle, den gesamten Staatsapparat. Bis zum 20. April 1994, als in Berlin mal wieder Telefonzellen überwacht wurden, weil ein Erpresseranruf bevorstand. Beamten fiel ein Daihatsu Cuore aus Luckenwalde mit dem Kennzeichen LUK-U 701 auf, weil ein Klappfahrrad mit Stollenreifen darin lag, wie es der Erpresser bei gescheiterten Geldübergaben benutzt hatte. Schnell ermittelten sie, dass das Auto von einem Arno Funke gemietet worden war. Die Kripo ließ ihn nun bis zum nächsten mit dem Erpresser ausgemachten Telefontermin am 22. April nicht mehr aus den Augen. Und tatsächlich, Arno Funke war ihr Mann. Er fuhr an jenem Tag um 10.14 Uhr mit dem Cuore zu einer Telefonzelle an der Hagedornstraße in Treptow, um Anweisungen für die nächste Geldübergabe durchzugeben. Widerstandslos ließ er sich festnehmen. Dagobert, der seinen Verfolgern Monate zuvor noch auf einer Karte »friedliche Weihnachten« gewünscht hatte, zog keine Pistole. Er rannte auch nicht weg. Er sagte nur: »Endlich.«

Irgendwie war er wohl erleichtert. Denn die fast zwei Jahre, während derer sich die ganze Republik köstlich amüsierte über die technischen Spielereien des Erpressers und die dämliche Tolpatschigkeit der Ermittler, waren für Arno Funke gar nicht lustig. »Wenn ich mich daran erinnere, dann war das ein alptraumhafter Zustand«, sagt Funke. Er sei im Stress gewesen, getrieben von seinen Schulden, der Verantwortung gegenüber Frau und Kind und dem Willen, endlich Geld zu bekommen. »Wegen der Depressionen war ich ja schon 1988 nicht mehr arbeitsfähig«, erzählt Funke.

Als er festgenommen worden war und ihm der Prozess gemacht wurde, haben viele darüber gelacht, dass der clevere Dagobert unter Depressionen gelitten haben soll – verursacht unter anderem von giftigen Lösungsmitteldämpfen in seiner Werkstatt, in der er Motorradtanks mit fantasievollen Motiven besprühte. »Aber es war so, das haben Ärzte diagnostiziert«, erklärt er. »Ich fühlte mich damals auch ohne Alkohol immer wie betrunken, konnte keine Stimmungen mehr empfinden, alles war bedeutungslos für mich, ich hatte keinen Spaß mehr. Viele Menschen können sich das nicht vorstellen, wie es ist, depressiv zu sein. Sie denken, man kann seine Stimmungen steuern. Das kann man aber nicht. Es ist ein schleichender Prozess und irgendwann bekommt man gar nichts mehr richtig mit.«

Bevor es so schlimm wurde, habe er auch jeden Abend viel Alkohol getrunken – »ein Sixpack Bier und ein paar Schnäpse« –, habe sich dann tagsüber bei der Arbeit nicht mehr konzentrieren können. Erst nachdem die KaDeWe-Erpressung geklappt hatte, konnte er es sich leisten, nicht mehr zu arbeiten: »Der Druck war weg, die Depressionen besser.« Trotzdem, mehr als zwei Stunden am Tag habe er sich nicht konzentrieren können, meint Funke. Dann lernte er eine Philippinin kennen, stürzte sich in die neue Beziehung, heiratete, bekam einen inzwischen 14-jährigen Sohn, und als irgendwann das Geld weg war, sich die Rechnungen stapelten, dachte er, seine Freiheit weiterhin durch illegale Geldbeschaffung sichern zu müssen – durch weitere Erpressungen.

»Normal arbeiten, das ging gar nicht, wegen meiner Krankheit«, erzählt er. Von Sozialhife wollte Funke aber auch nicht leben. Und Banken überfallen, das sei nicht sein Ding. Arno Funke brauchte mehr Geld, und er ist kein Typ, der mit einer Waffe einen anderen bedroht. Er wählte sich einen anonymen Gegner, einen Kaufhauskonzern. »Ich wollte ja auch niemanden schädigen.« Trotzdem, bei einem seiner sechs Anschläge auf Kaufhäuser in Berlin, Hannover, Bielefeld, Bremen und Hamburg wurden am 15. September 1992 im Bremer Karstadt-Haus zwei Frauen leicht verletzt und erlitten ein Knalltrauma, als um 17.58 Uhr eine Rohrbombe explodierte. Noch ein zweites Mal bombte Dagobert zu Ladenöffnungszeiten – am 6. Dezember 1993 ließ er bei Karstadt am Hermannplatz um 11.15 Uhr einen Fahrstuhl in die Luft fliegen. Nach vielen gescheiterten Geldübergaben forderte er inzwischen schon 1,4 Millionen Mark. Und er wollte der Polizei beweisen, dass er es ernst meint. »Ich war unter Zugzwang, musste den wilden Mann spielen«, sagt er. »Aber ich war damals in der Nähe, habe darauf geachtet, dass der Fahrstuhl leer ist und dass vor der Detonation niemand einsteigt.«

Schwer fiel es ihm nicht, die Bomben zusammenzuschrauben und das Sprengpulver zu mischen. »Ich habe mich schon als Kind für Chemie interessiert und lieber Sachbücher als Romane gelesen.« Dass Dagobert ein findiger Bastler war, merkte auch die Polizei schnell und glaubte, ihn auf diese Weise fassen zu können. Sie ließ von Anfang 1993 an den bei Hobbyingenieuren beliebten Laden »Conrad Elektronik« an der Hasenheide überwachen. Tatsächlich kaufte auch Dagobert dort gerne die Teile für seine Geldübergabemaschinen. Am Sonnabend, dem 8. Mai 1993, kam er mal wieder ins Bastler-Kaufhaus, weil er eine spezielle elektronische Zeitschaltuhr brauchte. Für die zivilen Beamten im Laden war klar, wer auch immer sich eine solche Uhr aus der Vitrine zeigen lässt, gilt als höchst verdächtig. Aber leider »hatten die Berliner ungeübtes Personal für die Observation des Geschäfts eingesetzt. Und so benahm es sich dann auch«, schreibt der ehemalige Hamburger Hauptkommissar und stellvertretende Leiter der »Soko Dagobert« Artur Heins.

Jedenfalls bemerkte Arno Funke die Zivilbeamten sofort („Einer von denen rannte an den Kassen vorbei und sprang über eine Absperrung«), verzog sich in den ersten Stock des Geschäfts, um schließlich ins Lager zu gelangen und von dort durch einen Notausgang zu flüchten. »Hinten zu observieren, hatten die Beamten schlicht vergessen«, schreibt der inzwischen pensionierte und in Spanien lebende Heins, der offenbar – wie viele seiner Kollegen – die Schmach, die Dagobert der Polizei zufügte, nicht ganz verwunden hat. Er schimpft noch immer über die Berliner Polizei, die ihm und den anderen Kollegen aus Hamburg, wo die Soko wegen des ersten Dagobert-Anschlags vom Juni 1992 zunächst angesiedelt war, nicht richtig geholfen habe. Er beklagt sich, dass die Hamburger Kripoleute zu zweit in Zimmern ehemaliger Ost-Kasernen nächtigen mussten und im Büro für zwölf Mitarbeiter zunächst nur ein Telefon zur Verfügung stand, dass sie nicht mal eine Teeküche hatten. Und er bemängelt, dass er und seine Mitarbeiter von den Kollegen in der Hauptstadt immer schon am Morgen eines jeden Montags in Berlin zum Dienst erwartet wurden und sie deshalb bereits am Sonntagabend in Hamburg losfahren mussten. Worunter, meint Heins, das Privatleben gelitten habe.

Die Beamten, so liest man es, hatten es also schon sehr schwer, und dann mussten sie sich auch noch mit so einem gewieften Gegner rumärgern, der ihnen in der Öffentlichkeit nichts als Hohn und Spott einbrachte. So wie am 29. Oktober 1992, als das Geldpaket mal wieder von einem fahrenden Zug abgeworfen werden sollte. Dagobert stand am Bahndamm an der Gerviniusstraße in Charlottenburg, gab per Funk das Signal, hörte dann aber aus dem gestoppten IC 174 die Rufe der Polizisten: »Raus, raus!« Er ergriff die Flucht, rannte zurück zu seinem Fahrrad, vorbei an einem Beamten des Mobilen Einsatzkommandos (MEK). Der bekam ihn aber nicht zu fassen. Dann radelte Dagobert los, so schnell er konnte, zu einer Grünanlage. Von dort wollte er zu Fuß weiter und stellte das Rad ab. Doch dann merkte er, dass es auch hier überall MEK-Beamte gab. Dagobert spurtete zurück zum Rad und kam dort gleichzeitig mit einem Polizisten an. Der wollte gerade zulangen, als er auf einem Hundehaufen ausrutschte. Er rappelte sich auch nicht wieder auf, um Dagobert vom Rad zu stoßen – nein, er blieb vor Schreck sitzen. Sein MEK-Kollege, der im Auto geblieben war, beobachtete die Jagd derweil erst mal aus sicherer Entfernung, und als er sich dann aus dem Wagen bequemte, war er schließlich zu langsam, um Dagobert noch den Weg abzuschneiden. Er berührte ihn zwar noch kurz am Arm, halten konnte er den davonradelnden Erpresser aber nicht.

Danach verschob Dagobert Geldübergabeversuche immer wieder. »Ich hatte manchmal einfach Dinge vergessen, die ich dringend brauchte – schließlich hatte ich ja noch massiv Konzentrationsschwierigkeiten«, erklärt Funke. Auch unter »Wortfindungsstörungen« litt Dagobert damals – die Ermittler aber merkten das nicht. Die Botschaften, die ihnen Arno Funke am Telefon zukommen ließ, waren fast alle zuvor auf Band aufgezeichnet, sodass sie nicht zurückfragen und ihn auch nicht länger an der Strippe halten konnten. Und wenn Dagobert mal mit den Ermittlern oder dem Karstadt-Konzern direkt plauderte, sich für seine Terminverschiebungen entschuldigte oder sich über gescheiterte Übergaben beschwerte, nutzte er auch Telefonanschlüsse von wildfremden Leuten, die das erst merkten, als das MEK mit quietschenden Bremsen vor ihrer Tür stoppte. Elektrobastler Dagobert hatte in diesen Fällen einfach zwei Kabel an die Telekom-

Verteiler im Keller oder an der Hauswand geklemmt und ohne Wissen der Besitzer telefoniert.

Auch Dagoberts Frau wusste nichts davon, dass ihr Mann tagsüber in seiner Laube an immer ausgefeilteren Geldübergabemaschinen bastelte oder sich als Bauarbeiter verkleidet auf einem Parkplatz im Neuköllner Stadtteil Britz an einem fast 80 Kilogramm schweren Kanaldeckel zu schaffen machte. Er hievte ihn weg, warf ihn nebenan ins Gebüsch, um über dem offenen Loch eine Streusandkiste zu platzieren. Freilich nicht ohne zuvor das Loch mit einer Holzplatte und einer dünnen Zementschicht versehen zu haben. Dieser Boden sah so echt aus, dass die Polizisten, die mit dem Geldboten am 19. April 1993 zu der Kiste beordert wurden, nicht auf die Idee kamen, dass Dagobert unter ihnen in der Kanalisation sitzen könnte und nur darauf wartete, den Boden der Kiste durchstoßen zu können, um ans Geld zu kommen. Nachdem er dank eines versteckten Richtmikrofons einige Zeit den Ermittlern zugehört hatte, stemmte er den Boden von unten auf, ließ den Sand an sich vorbeirieseln und schnappte das Paket – in dem aber wieder nur Papierschnipsel waren.

Das ärgerte ihn so sehr, dass er vier Wochen später bei Karstadt in Bielefeld wieder eine Bombe hochgehen ließ. Nach weiteren Übergabeversuchen – unter anderem einer in einem präparierten Gully am S-Bahnhof Steglitz, der scheiterte, weil Dagobert wegen des starken Regens nicht in der Kanalisation bleiben konnte – zündete er den Sprengsatz im Fahrstuhl von Karstadt am Hermannplatz. Danach waren Polizei und Konzern bereit, das Paket tatsächlich mit 1,4 Millionen Mark zu füllen. Fast hätte Arno Funke das Geld auch bekommen, er war sehr nahe dran. 30 Meter, um genau zu sein, trennten ihn an diesem 20. Januar 1994 von den Scheinen, als die von ihm selbst gebastelte Lore auf einem stillgelegten Gleis hoch über der Spree in der Nähe des S-Bahnhofs Jungfernheide stecken blieb.

Der Bote hatte das Geld – wie verlangt – in das Gefährt gelegt, den roten Knopf gedrückt, dann sauste die Lore auf einer Schiene in die Nacht. Sie fuhr schneller, als die Beamten rennen konnten, zumal

Dagobert Stolperdrähte gespannt hatte, die Silvesterböller auslösten. Die Verfolger hätten also denken können, es werde auf sie geschossen. Arno Funke, der in seinem Versteck auf die Ankunft der Lore wartete, hätte das Geld aus dem an einer Schienenverschraubung entgleisten Gefährt wohl noch holen können. Doch er traute sich nicht. Er war zu vorsichtig, flüchtete und zog sich zurück in seine Werkstatt, wo er weiter an einem ferngesteuerten U-Boot für eine Übergabe im Sommer schraubte. Gleichzeitig präparierte er eine Plakatwand vor einer Notausgangstür des Anhalter Bahnhofs so, dass man in den Mund eines Frank-Sinatra-Bildes auf einem Plakat ein Geldpaket hätte werfen können, das dann über eine Rutschbahn direkt an der Notausgangstür im Untergrund gelandet wäre.

Doch weder das U-Boot noch die Rutsche zur S-Bahn kamen zum Einsatz. Nach sechs Anschlägen, 66 Schreiben von Dagobert, 55 Anrufen und 30 Geldübergabeversuchen wurde Arno Funke gefasst, ohne sich die erhoffte Freiheit mit viel Geld erkaufen zu können.

Wobei er nun diese Freiheit doch noch gefunden hat – allerdings ohne Geld. Nachdem er 1995 an seinem 45. Geburtstag zu sieben Jahren und neun Monaten Haft verurteilt worden war, im Februar 1999 ins Freigängerhaus durfte und am 13. August 2000 ganz entlassen wurde, lebt er nun glücklich, wie er sagt, quasi ein neues Leben. Er ist geschieden und hat eine neue Freundin, die im Sozialamt arbeitet, mit ihm aber – auch wenn das oft geschrieben wurde – dienstlich nie etwas zu tun hatte.

Er hat, nachdem er im Gefängnis zunächst noch Antidepressiva bekam, heute keine Depressionen mehr. Dafür hat er einen neuen Job, zeichnet für das Satire-Magazin »Eulenspiegel«, schrieb ein Buch über sein Leben, veröffentlichte ein Kochbuch und sitzt schon wieder an einem neuen Manuskript. Freilich hat er noch Schulden wegen des Schadens, den er mit seinen Anschlägen anrichtete, mehrere Millionen, wie er erzählt. Aber das stört ihn nicht. Im Gegenteil: »Das ist auch eine Art von Freiheit. Ich kann nun aussuchen, was ich arbeiten will, ich muss nicht aufs Geld achten, nehme nur Jobs an, die mir Spaß machen.

Denn ab einem gewissen Betrag würde sowieso alles gepfändet.« Bei ihm, meint er, habe die Resozialisierung doch wirklich funktioniert. Und da ist es wieder, das Lachen von Dagobert. *Peter Brock*

Grausiger Fund

Anfang November 1999 bekam der Kriminalpsychologe Thomas Müller in seinem Büro im Wiener Innenministerium einen Anruf aus Berlin. Der Mann am Telefon stellte sich als Chef einer Mordkommission vor. Es ginge um einen komplizierten Fall, bei dem er und seine Mitarbeiter nicht weiter kämen, sagte der Berliner, es handele sich um den Tod eines neunjährigen Mädchens. Seine Leiche wurde weitgehend verwest auf einem Dachboden in Adlershof gefunden. Die Berliner Kriminalpolizei hatte zwar einen Verdächtigen ermittelt, der inzwischen auch in Untersuchungshaft saß. Aber er bestritt, etwas mit der Tat zu tun zu haben, und es gab kaum stichhaltige Beweise. Keine Zeugen, keine direkten Spuren von Sperma oder Blut, die ihn hätten überführen können. Und die Ermittler hatten Zweifel, ob eine solche Beweislage für eine Verurteilung reicht.

Vielleicht konnte ja Thomas Müller weiterhelfen. Der damals 35-Jährige hatte sich gerade einen Namen gemacht, weil er mit einer neuen und spannenden Sichtweise an Fälle heranging. Spezialisten wie ihn gab es damals in Europa noch nicht lange. Müller ist Kriminalpsychologe und Profiler und in den Medien ein schillernder Star. Er arbeitete lange Zeit in Österreich als Polizist, studierte dann an der Innsbrucker Universität Psychologie und bildete sich anschließend beim amerikanischen FBI weiter. Dort, wo man Serienstraftäter bereits damals sowohl mit kriminalistischem als auch psychologischem Sachverstand aufspürte.

Thomas Müller analysiert Spuren am Tatort, setzt sie zusammen wie ein Puzzle und versucht, daraus Rückschlüsse auf das Verhalten eines Täters und dessen Persönlichkeit zu ziehen. Ein Täter, so die Annahme, hinterlässt am Tatort immer seine persönliche Handschrift. Daraus kann ein Profiler im Idealfall eine Charakterbeschreibung oder eben das Profil eines Täters ableiten. Genau darauf hofften die Berliner Kriminalisten im November 1999. Vielleicht passte Müllers Beschreibung dann zu ihrem Verdächtigen. Und vielleicht könnte sich so die Beweiskette schließen. Es war ein Experiment.

Die neunjährige Mandy*, ein lebhaftes, selbstbewusstes und kontaktfreudiges Kind, verschwand an einem Sonnabend im Juli 1993. Am Nachmittag hatte sich Mandy von ihrer Mutter verabschiedet, um wie so oft auf den Spielplatz um die Ecke zu gehen. Um 18 Uhr sollte sie wieder zu Hause sein, so war es verabredet. Als sie um 22.50 Uhr noch immer nicht zurück war, ging die Mutter zur Polizei.

Auf der Suche nach Mandy durchkämmten Polizisten die ganze Köllnische Heide, Lautsprecherwagen fuhren durch das Adlershofer Viertel und suchten nach Zeugen, die das Kind gesehen haben. Auf die Idee, in den verfallenen, inzwischen fast leer stehenden Häusern rund um den Spielplatz nach dem Mädchen zu suchen, kam niemand. Erst ein Jahr später, im Juli 1994, wurde seine Leiche in einem dieser Häuser gefunden. Ein Mieter hatte sie beim Aufräumen des Dachbodens zwischen altem Gerümpel entdeckt. Das Haus steht genau an dem Weg, den Mandy immer zum Spielplatz ging.

Der kleine Körper lag auf einer ausrangierten grünen Liege und war mit einem blau geblümten Bettbezug bedeckt. Das Kind war nackt, sein Kopf steckte unter mehreren Plastiktüten. Der Mörder hatte das T-Shirt des Mädchens wie eine Schnur zusammengedreht und es ihm über den Tütenenden um den Hals gewickelt. Die restliche Kleidung, Mandys Brille und ihre Schuhe fehlten.

Die Ermittler gingen davon aus, dass das Kind sexuell missbraucht wurde. Sie wussten jedoch nicht, ob vor oder nach seinem Tod. Für eine zügige Aufklärung war es inzwischen zu spät. Weder an der Leiche noch an den Plastiktüten oder auf der Liege fanden Gentechniker verwertbare Spuren. Selbst die Todesursache konnte nicht mehr eindeutig festgestellt werden. Es komme »am ehesten Ersticken und/oder Erdrosseln in Betracht«, stand im Obduktionsbericht.

Die Ermittler kamen zunächst nicht weiter und legten die Akte beiseite. Fünf Jahre später, 1999, wurde der Fall noch einmal untersucht. Rein routinemäßig, wie es bei ungeklärten Mordfällen üblich ist. Es kann ein Zufall gewesen sein, dass sich ein Kripo-Beamter den geblümten Bettbezug, unter dem das Kind lag, noch einmal genauer ansah. Dabei stieß er auf eine Kleinigkeit, die vorher übersehen worden war, ein winziges Detail, das, so hoffte man nun, vielleicht doch noch zum Täter führen könnte.

Neben der Knopfleiste klebte ein Wäscheetikett mit einer Nummer darauf. Etiketten dieser Art hatten Wäschereien zu DDR-Zeiten verwendet. Es stammte von einer privaten Adlershofer Wäscherei. Deren Besitzer hatte noch die alten Kundenbücher aufgehoben. Ziemlich schnell war klar, wem der Bezug gehörte: einer Frau, deren ehemaliger Lebensgefährte einmal in jenem Haus gewohnt hatte, in dem Mandys Leiche gefunden worden war. Dieser war ein Lagerarbeiter, inzwischen 38 Jahre alt. Es handelte sich um den Mann, der schließlich wegen Mordverdachts in Untersuchungshaft kam.

Der Bezug blieb nicht das einzige, das gegen ihn sprach. Zusätzlich hatten die Ermittler in einer Ecke des Dachbodens, ein Stück von der Kinderleiche entfernt, mehrere Papiertaschentücher gefunden, von denen eines Spermaspuren des Lagerarbeiters enthielt. Ein Bettbezug und ein Papiertaschentuch – zwei unglückliche Zufälle oder zwei Indizien für die Tat? Mit Spannung wurde das Gutachten des Wiener Kriminalpsychologen Thomas Müller erwartet.

Sechs Bände Akten hatte ihm die Berliner Mordkommission für die angeforderte Tatortanalyse nach Wien geschickt. Sie enthielten Fotos und Skizzen vom Fundort der Leiche, den Obduktionsbericht, Dossiers über das Opfer und ein Videoband, das den Weg von Mandys Zuhause zum Spielplatz dokumentierte. Angaben zu dem verdächtigen Lagerarbeiter enthielten die Akten allerdings nicht – so hatte es Müller verlangt.

Kriminalpsychologen wie er versuchen, eine Tat allein anhand objektiver Fakten so genau wie möglich zu rekonstruieren. Urvater dieser Strategie, ein Täterbild zu erstellen – des Profilings, wie die Amerikaner dazu sagen –, ist der FBI-Agent Robert K. Ressler, der sich auf die Jagd nach psychopathischen Serienmördern spezialisierte. Ressler untersuchte zahlreiche Delikte, insbesondere Serienstraftaten, interviewte Serientäter und trug Daten über deren Opfer zusammen. Mithilfe einer Profiling-Studie kam er so auch jenem Mann auf die Spur, der dem Autor Thomas Harris in seinem Roman »Das Schweigen der Lämmer« als Vorbild für die Hauptfigur Hannibal Lecter diente. Zwei Jahre lang hat Thomas Müller beim FBI die Verbrechensanalyse und das Profiling gelernt.

27 Seiten lang war schließlich sein Gutachten zum Mord an der neunjährigen Mandy. Darin fragt sich der Kriminalpsychologe, warum sich der Täter ausgerechnet dieses Mädchen als Opfer ausgesucht haben könnte. Warum er es auf diesen Dachboden und in keinen Keller lockte. Warum er ihr Tüten über den Kopf zog, und warum er schließlich die Leiche zwischen all dem Gerümpel liegen ließ und sie nicht irgendwo anders versteckte. Am Ende deuteten alle Antworten Müllers auf einen Bewohner des Hauses als Täter hin, auf einen Mann, davon war der Profiler überzeugt, der sich in einer Lebenskrise befand und seelisch schwer gestört sein musste.

Das Kind unbemerkt von der Straße auf den Dachboden zu bringen, es dort zu missbrauchen, zu töten und abzudecken, sei mit einem hohen Risiko verbunden gewesen, entdeckt zu werden, schrieb Müller. Es hätte schreien und andere Mieter in den Wohnungen unter dem Dach alarmieren können. Außerdem habe die Tat einige Zeit gedauert. Dennoch habe sich der Täter sicher und ungestört gefühlt. Daraus folgerte Müller, dass er sich im Haus ausgekannt hat und »insbesondere mit den räumlichen Verhältnissen in den oberen Stockwerken sowie des Dachbodens näher vertraut war«. Er müsse gewusst haben, dass in den oberen Wohnungen kaum noch Mieter wohnten, weil sie wegen der anstehenden Sanierung schon ausgezogen waren. Der Mörder musste demnach wohl ein Bewohner sein. »Die Umstände lassen auch den Schluss zu«, so Müller weiter, »dass sich der Täter bereits längere Zeit in seiner Fantasie mit der Durchführung einer derartigen Tat beschäftigte, dass es sich bei dieser Straftat jedoch mit hoher Wahrscheinlichkeit um die Ersttat handelte.«

Im Juni 2000 reiste der Kriminalpsychologe mit seinen Erkenntnissen von Wien nach Berlin. Es war das erste Mal, dass ein Profiler als Gutachter vor dem Berliner Landgericht auftrat.

Der Lagerarbeiter, der inzwischen wegen Mordverdachts auf der Anklagebank saß, hat in der Tat einige Jahre in einer Wohnung gleich unter dem Dach des Hauses gewohnt, in dem Mandy starb. Der Angeklagte war ein stiller, schmaler Mann mit einem dunklen Bart in einem freundlichen Gesicht. Er wirkte nicht nervös, er zitterte nicht, er wurde nicht rot und nicht blass. Er saß einfach nur da, die Hände im Schoß versenkt. Vor der Tür wartete meist seine Frau, mit der er seit mittlerweile fünf Jahren verheiratet war. Sie hat drei Kinder, um die er sich mit ihr gemeinsam kümmerte.

»Ich habe mit dem Mord nichts zu tun. Ich liebe meine Familie, ich könnte niemals Kinder anfassen«, erklärte der Mann gleich zu Beginn des Prozesses. An den geblümten Bettbezug könne er sich nicht erinnern. Mag sein, er habe da oben an einem Nagel gehangen, weil ihn immer mal jemand als Unterlage zum Sonnen auf dem Dach benutzte. Die Spermaspuren im Taschentuch hingegen, so hatte er schon bei der Polizei gestanden, die seien von ihm. »Ich habe zwei- bis dreimal auf dem Dachboden onaniert, weil meine Freundin nicht mehr mit mir schlafen wollte.« Von der Leiche habe er nie etwas bemerkt.

Ein erfahrener Psychiater hat den Lagerarbeiter untersucht. Er erklärte, er habe keine Auffälligkeiten feststellen können, keine Aggressionen, keinen Sadismus und keine pädophilen Neigungen. Die Richter fragten viele Zeugen, was ihnen an dem Angeklagte aufgefallen war, »um zu klären, was für ein Typ er ist, vom Naturell her und vom Charakter«. Ein Nachbar sagte: »Er hat mal Krach gemacht, da haben wir uns beschwert.« Das war in der Zeit, als Mandy verschwand. Eine Zeit, in der es dem Lagerarbeiter gar nicht gut ging, er befand sich in einer Lebenskrise. Er war zu diesem Zeitpunkt 33 Jahre alt und hatte schon vier Jahr lang keinen Job mehr. Die Chemiefabrik hatte ihn zur Wende gekündigt. Nachbarn haben ihn häufig beim Bier im Imbiss an der Ecke gesehen.

Auch mit seiner Freundin gab es oft Streit. Mal zog sie aus, dann wieder ein. Vor Gericht erklärte sie: »Er hatte ein bisschen viel getrunken.« Ob er Pornohefte las, wurde sie gefragt. »Nein.« – »Hatte er andere Frauen?« – »Nicht, dass ich wüsste.« – »War er sexuell anders?« – »Nein, er war völlig normal.« Sie meinte auch: »Ich würde ihm den Mord auf keinen Fall zutrauen. Aber die Hand ins Feuer legen kann ich für keinen.«

Am Ende sprachen die Richter den Lagerarbeiter vom Vorwurf des Mordes an der neunjährigen Mandy frei. »Weil vernünftige Zweifel an der Täterschaft bestehen.« Sämtliche Indizien wie der Bettbezug, die Spermaspuren und die damalige Lebenssituation des Verdächtigen wogen »nicht in ausreichendem Umfang zu seinen Lasten«, wie es im Urteil hieß. Jeder andere hätte unbemerkt auf den Dachboden des Hauses gelangen und sich dort ungestört fühlen können. Jeder andere hätte den Bettbezug nehmen können, weil er möglicherweise ständig dort oben an einem Nagel hing. Das Gutachten des Kriminalpsychologen Thomas Müller aus Wien wurde in dem Urteil mit keinem Wort erwähnt. Es hat die Richter bei ihrer Urteilsfindung nicht weitergebracht.

Sabine Deckwerth

Schatzgräber

Ob man als Kommissar Verbrechern gegenüber so etwas wie eine Erwartungshaltung entwickelt? Und manchmal hofft, sie würden einen ganz tollkühnen Coup wagen? Denn schließlich sind die Fälle, die man zu lösen hat, immer nur so groß, wie der Einfallsreichtum und die Dreistigkeit der Gangster sie werden lassen. Detlev Büttner würde eine solche Erwartungshaltung gewiss abstreiten. Er würde lieber darauf verweisen, dass von Bank- und anderen Überfällen generell abzuraten sei, »weil wir die Täter früher oder später doch kriegen«. Etwas anderes darf sich ein Dezernatsleiter des Landeskriminalamtes wahrscheinlich auch nicht erlauben. Andererseits: Hätte es nicht diese vier Männer gegeben, die an einem Junimorgen 1995 eine Bank in Zehlendorf überfielen, 16 Menschen 17 Stunden lang als Geiseln festhielten und mit, nach Schätzungen der Staatsanwaltschaft, mindestens 15 Millionen Mark Beute durch einen selbst gegrabenen, 170 Meter langen Tunnel flohen – Detlev Büttner wäre um seinen wichtigsten Fall gekommen.

Er hat die Zeitungsartikel von damals in einem Ordner gesammelt. Das hat er in 40 Dienstjahren bei keinem anderen Fall gemacht. Zum einen, weil es sonst nie so viel zum Sammeln gab, zum anderen, weil er sich so viel Eitelkeit nicht erlauben würde. Aber die Aufklärung des Tunnelraubs war sein größter Erfolg. Weil das Verbrechen so spektakulär war und vor allem, »weil wir allein auf Grund eigener Ermittlungen auf die Täter gekommen sind«, wie Büttner sagt. Seine 62-köpfige Soko Coba (Coba stand für Commerzbank) hatte nichts in der Hand – außer den vermutlichen Fehlern, die die Bankräuber gemacht hatten, gemacht haben mussten. »Wir wussten: Bei einem so großen Coup gibt es Schwachpunkte«, erklärt der Kommissar.

Aber die Fehler mussten erst einmal gefunden werden. Die ersten Artikel in Büttners Ordner klingen eher hämisch. »Katerstimmung« herrsche bei der Polizei, konnte man zwei Tage nach dem Überfall lesen. Geld weg, Räuber weg, Ermittler ratlos. Eine Zeitung fragte sich, ob dies nun »das perfekte Verbrechen« gewesen sei: ein Bankraub mit Geiselnahme, kombiniert mit der Flucht durch einen Tunnel. Das hatte es noch nie gegeben.

Am 27. Juni 1995, einem Dienstag, betreten um 10.25 Uhr vier bewaffnete Männer die Commerzbank an der Breisgauer Straße im feinen Zehlendorf. Sie tragen Overalls, Wollmasken, Basecaps und Handschuhe, sie befehlen Bankkunden und Angestellten, sich hinzulegen, und fesseln diese mit Handschellen. Sie lassen die Jalousien herunter, entfernen die Kassetten der Überwachungskameras, legen Handgranaten vor die Tür. Eine Frau wird mit einem Brief nach draußen geschickt, wo die Polizei schon wenige Minuten nach Beginn des Überfalls Stellung bezogen hat. »Ein Menschenleben bedeutet uns gar nichts«, steht in dem Brief, »Vorderungen« werden gestellt. Die Täter verlangen bis 17 Uhr 17 Millionen Mark, ein Auto und freie Strecke für die Flucht.

Drinnen wird der Filialleiter gezwungen, die Tresortür zu den Schließfächern im Keller zu öffnen. Denn die Männer wollen mehr als nur Lösegeld, sie wollen auch Geld, Schmuck und Goldbarren aus den

Schließfächern. 207 der etwa 400 Fächer werden sie in den folgenden Stunden aufbrechen, die Polizei schätzt den Wert des gestohlenen Inhalts später auf zehn Millionen Mark. Die Geiseln hören das Hämmern der Werkzeuge, stundenlang. Sie wissen dabei nicht, dass im Untergeschoss noch zwei weitere Männer arbeiten, die von unten in die Bank gekommen sind: durch einen 170 Meter langen Tunnel, durch den später auch alle sechs verschwinden werden. Mit Bohrer und Vorschlaghammer haben zwei der Räuber von oben den Boden im Tresorraum durchbrochen – darunter liegt der Tunnel.

Während unten gehämmert wird, müssen die 16 Geiseln warten, endlose Stunden lang. Sie bekommen Orangensaft und Plätzchen, Fesseln werden gelockert, ein Einbrecher massiert sogar eine Geisel, die über Nackenschmerzen klagt. Einige der Festgehaltenen erzählen später, dass sie gut behandelt worden sei. Doch nicht allen ging es so. Angespannt wird die Stimmung, als das Ultimatum für die Geldübergabe verstreicht. Ein Kunde muss sich ins Fenster der Bank setzen, und der Polizei draußen wird mitgeteilt, man werde ihm ins Bein schießen, wenn das Geld nicht kommt. Das Geld kommt, in zwei Fallschirmjägertaschen. Darin sind 5,6 Millionen Mark, gefordert waren aber 17 Millionen. Mehr Telefonate, mehr Verhandlungen.

Gegen Mitternacht ziehen die Bankräuber den Geiseln Stoffbeutel über den Kopf, es wird still. Die Polizisten draußen wissen nicht, dass sie jetzt nur noch die Geiseln belagern und die sechs Männer durch den Tunnel verschwunden sind. Auch die Geiseln wissen das nicht. Als sie wagen, die Polizei anzurufen, um mitzuteilen, dass die Bankräuber nicht mehr zu sehen sind, ist es drei Uhr morgens. Um 3.43 Uhr stürmen die Beamten die Bank. Und entdecken den Tunnel.

Der Tunnel. Wegen ihm klingt die Beschreibung des Überfalls durch die Staatsanwaltschaft bei der Gerichtsverhandlung ein paar Monate später fast bewundernd: Bei der Tat habe es sich um eine »originelle Kombination« aus Einbruch und Geiselnahme gehandelt, steht in der Akte, bei dem Tunnel selbst handele es sich um eine »handwerkliche Meisterleistung«. Die schmale Röhre ist durch Holzbohlen stabilisiert, es gibt Ventilatoren, Strom, Lampen. Über ein Jahr lang hat die Bande an dem Tunnel gearbeitet, mit jedem Tag arbeitete sie sich ein Stück näher heran an die Commerzbank und an die Erfüllung ihres Traums von einem besseren Leben.

Das aber werden die Ermittler erst später erfahren, bei der Vernehmung der Bankräuber. Am Tag nach dem Überfall ist der Tunnel zunächst einmal der wichtigste Anhaltspunkt für Detlev Büttner und seine Sonderkommission, die bald von zunächst zehn auf 62 Mitarbeiter erweitert wird. Denn das Rohr endet in einer Garage auf einer Brache an der nahe gelegenen Matterhornstraße. Und für die Garage muss es einen Mieter geben. Der heißt Yusuf Gül*, ist ein mit einer deutschen Frau verheirateter Kurde und erzählt den Beamten, er habe die Garage an einen Mann weitervermietet, über den er nichts wisse. Ein Grieche vielleicht. Die Soko-Beamten glauben ihm nicht. Im Melderegister stoßen sie auf Güls älteren Bruder Abdullah*, arbeitsloser Röntgenassistent, Sozialhilfeempfänger, vorbestraft, wohnhaft in Steglitz. Und auf Recep*, einen weiteren Bruder.

»Wir dachten, die Jungs könnten mit drin hängen«, sagt Büttner. Beweisen kann er das nicht. Aber er kann die Brüder beobachten lassen. Er hofft, dass sie dorthin gehen, wo die Millionen versteckt sind. Das tun sie zwar nicht, aber sie sprechen am Telefon davon, dass sie Berlin verlassen wollen, sprechen von einem Haus in Syrien. Die Beamten hören mit und erfahren, dass zwei der Brüder am 20. Juli nach Syrien fliegen wollen. An diesem Tag schlägt die Soko Coba zu. Außer den Brüdern wird Ferhat Sayan* festgenommen, der als Autolackierer in der Garage gearbeitet hat. Von ihm sind in dem Tunnel, den die Bundeswehr nach der Tat freigelegt hat, Fingerabdrücke gefunden worden. Er gesteht den Bankraub sofort und erzählt, dass da noch ein Deutscher gewesen sei. Wenige Stunden später klingeln die Polizisten an der Wohnung von Matthias Glump*, 23, Einzelhandelskaufmann, arbeitslos.

Drei Wochen nach der Tat sitzen schon fünf Leute in Untersuchungshaft. Drei von ihnen legen Geständnisse ab. Im August stellt sich der Libanese Sami Issa*, ein weiterer Drahtzieher, auf dem Frankfurter Flughafen der Polizei. Die Arbeit der Soko Coba gilt als voller Erfolg. Auch wenn die Beute noch verschwunden ist.

Allmählich setzt sich aus den Bruchstücken, den Aussagen eine Geschichte zusammen. Es geht darin um den Traum vom schnellen Reichtum, um den Wunsch, ein Leben hinter sich zu lassen, das nicht hielt, was es versprochen hatte. Die Tunnelgangster waren alle – bis auf Matthias Glump – irgendwann aus ihren Heimatländern nach Deutschland gekommen, sie haben sich mit Gelegenheitsjobs durchgeschlagen, lebten von Sozial- oder Arbeitslosenhilfe. Die Idee zu dem Raub hatten dann Sami Issa und Abdullah Gül. Der Polizistensohn Matthias Glump, der einzige Deutsche, der an dem Coup beteiligt war, kam im März 1994 dazu. Da war der Tunnel schon ein Jahr lang im Bau. Wahrscheinlich wurde er mit ins Boot geholt, damit er die Verhandlungen mit der Polizei führte, in fließendem Deutsch. Sein Wunsch sei gewesen, einen »Einzelhandelsladen zu eröffnen«, steht in der Akte über ihn. Ein relativ bescheidener Wunsch, aber sogar der schien unerreichbar. Auch Glump lebte von Sozialhilfe, seine Stelle in der Herrenbekleidungsabteilung eines Kaufhauses hatte er gekündigt.

Als Glump zum ersten Mal in der Garage an der Matterhornstraße steht, weiß er nur von einem Job auf einer Baustelle, den ihm sein Bekannter Mahmud Issa*, der 20-jährige Bruder von Sami, versprochen hat. Dann zieht jemand den Teppich weg, hebt die Holzbohlen hoch. Glump steht vor dem Einstieg zu einem Tunnel. Drei Meter geht es hinunter, dann beginnt ein waagerechter Stollen. Nach 50 Metern endet der Tunnel in einem Regenwasserrohr, das die Bande zufällig entdeckt hat und das ihr nun etwa 100 Meter Wühlarbeit erspart. Am letzten Stück, der Verbindung vom Rohr zur Bank, soll Glump mithelfen. Beim ersten Versuch, weiter durch den märkischen Sand zu graben, war der darüber liegende Bürgersteig abgesackt. Unerklärlicherweise fiel den Beamten vom Tiefbauamt nicht auf, welch außergewöhnliche Konstruktion das Pflaster hatte abrutschen lassen. Die Tunnelgräber legten vorsichtshalber dennoch eine mehrmonatige Pause ein. Es bleibt die einzige Panne.

Für das letzte Stück brauchen die Räuber vier Monate – mehr als ein Meter pro Tag ist nicht zu schaffen. Zwei Männer buddeln, einer füllt den Sand in Säcke, einer zieht die Säcke auf Skateboards durch das 60 Zentimeter schmale Regenrohr und den zweiten, nur wenig breiteren Tunnel. Die Säcke fahren sie mit dem Auto zu Baustellen. Es ist Knochenarbeit. Anfang Juni treiben die Männer probeweise ein schmales Rohr durch die Decke des Tunnels: Es bricht direkt vor der Bank durch die Pflastersteine. Sie haben es geschafft. Der Tag für den Einbruch wird festgelegt, gut zwei Wochen später soll es soweit sein.

All das erfahren die Mitarbeiter der Soko Coba von den Inhaftierten. Aber wo ist das Geld, wo sind die gestohlenen Wertsachen? Das verrät keiner. Es scheint so, als ob es nun erst mal keine weitere Erfolgsmeldung mehr gibt. Die Sonderkommission wird auf 30 Leute reduziert. »Wir sind davon ausgegangen, dass das Geld ins Ausland geschafft wurde«, sagt Büttner. Dann gibt es noch eine Festnahme: In Beirut wird Mahmoud Ossa* verhaftet. Er nennt bei der Vernehmung einen »Geldverwalter«, der einen Teil der Beute in einer Wohnung in Wedding versteckt habe. Dieser ist gerade dabei, sich nach Syrien abzusetzen, und wird von Interpol am Flughafen von Damaskus gefasst. Er habe die Koffer mit der Beute an einen befreundeten Zahnarzt weitergegeben, erklärt der Syrer. Tatsächlich finden Büttners Leute auf dem Dachboden des Einfamilienhauses besagten Zahnarztes in einem brandenburgischen Dorf 3,6 Millionen Mark. Noch ein Erfolg für die Soko Coba. Zweimal noch taucht Geld auf, einmal 600 000 Mark in Polen, einmal 800 000 Mark in Damaskus. Dann kommt nichts mehr. Beute im Wert von schätzungsweise mehr als zehn Millionen Mark bleibt verschwunden – bis heute.

Wann entschließt man sich, nicht mehr weiterzusuchen? »Irgendwann hat man keine Anhaltspunkte mehr«, meint Detlev Büttner. »Dann merkt man auch bei der Vernehmung: Der weiß nicht mehr.«

Fast zwei Jahre nach dem Raub werden die Tunnelgangster verurteilt, zu Gefängnisstrafen zwischen zweieinhalb und 13 Jahren. Inzwischen sind die ersten schon wieder frei. Detlev Büttner wird Anfang 2005 pensioniert. Die Akte über seinen größten Fall wird er wohl mitnehmen.

Petra Ahne

Der Klavierlehrer

Bernd Tal* sitzt in seinem Zimmer und spielt Klavier. Es ist Heiligabend. Patienten und Pfleger der geschlossenen Psychiatrie im Haus 35 des Maßregelvollzugs im Norden der Stadt feiern Weihnachten. Die einen singen, die anderen unterhalten sich. Tal hat seine Tür geschlossen, er will allein sein. Nur sein Klavierspiel dringt nach draußen. Ein paar Pfleger und Patienten stehen im Gang und hören zu. Sie mögen Bernd Tal, obwohl sie wissen, dass er zwei Menschen auf bestialische Art und Weise getötet hat.

Der 1,85 Meter große, schlanke Mann spielt Bach und Beethoven, Schubert und Chopin ganz meisterlich. Er spielt immer allein, fernab der Welt, die ihn umgibt. Der 38-Jährige denkt dabei oft an seine Frau und seine drei kleinen Söhne. Nie haben sie ihn in den vergangenen vier Jahren, seit er in der Klinik ist, besucht. Ihn schmerzt das sehr, gerade an so einem Tag wie Heiligabend. Bernd Tal ist verzweifelt, auch weil er kurz vor den Festtagen vom Gericht erfahren hat, dass er die geschlossene Psychiatrie auf absehbare Zeit nicht wird verlassen dürfen.

Er sei eine Gefahr für die Allgemeinheit, haben ihm die Richter mitgeteilt.

Berlin-Schöneberg, Grazer Platz, 25. Januar 1994: Eddy Eigner* geht an diesem Dienstag kurz vor 20.30 Uhr über die Wiese vor der Nathanaelkirche. Es ist kalt und dunkel. Der 18-jährige Schüler will nur schnell zur Bushaltestelle. Doch plötzlich erschrickt er, bleibt stehen: Direkt vor ihm liegt etwas Rundes. »Es sah aus wie eine Puppe«, sagt er später. Aber es ist keine Puppe, es ist ein Kopf. Das merkt Eddy erst, als er sich gebückt hat, den abgetrennten Kopf fast berührt. Ihn überkommt Entsetzen – er schaut in das schmerzverzerrte Gesicht einer toten Frau. Ihre Augen sind geöffnet, ihre langen braunen Haaren liegen am Boden, daneben findet Eddy ein schwarz-weiß gemustertes T-Shirt, auf dem »Magic Sportswear« steht, und einen braunen Schal. Es dauert einen Moment, bis er das alles realisiert und die Polizei alarmiert.

Noch in der Nacht suchen 150 Polizisten die Umgebung nach Leichenteilen ab, Hunde schnüffeln in benachbarten Kleingartenkolonien. Ein Hubschrauber mit einer Infrarotkamera kreist über der Gegend. Sein elektronisches Auge kann vergrabene Leichenteile in bis zu drei Metern Tiefe orten. Doch die Piloten finden nichts. Auch die 500 Beamten, die am nächsten Tag das Gelände noch einmal durchkämmen, haben keinen Erfolg.

Während die Bereitschaftspolizisten noch suchen, klingelt in der Notrufzentrale der Polizei das Telefon. Die 33-jährige Paula May*, Leiterin eines katholischen Kindergartens in Zehlendorf, schreit vor Aufregung ins Telefon. Sie sei in der Wohnung ihrer Kollegin an der Friedrichsruher Straße, und dort liege ein Mensch ohne Kopf. Schluchzend legt die Frau wieder auf. Als die Beamten in der Steglitzer Wohnung ankommen, finden sie einen Frauenkörper im Flur. Sauber wurde der Kopf abgetrennt und die Wohnung ordentlich hinterlassen – nirgendwo ist Blut zu sehen. Der Rechtsmediziner ist sich schnell sicher: Der Kopf vom Grazer Platz gehört zum Körper, der in dieser Wohnung liegt. Kurz darauf steht fest, dass es sich bei der Toten um die 30-jährige Kindergärtnerin Manuela Rieger* handelt.

Ihre Chefin, Paula May, war stutzig geworden, weil die sonst so zuverlässige Manuela nicht zur Arbeit erschien. Deshalb fuhr sie zu deren Wohnung. Eine Nachbarin, die einen Schlüssel hatte, öffnete ihr die Tür. Beide Frauen betraten die Wohnung und entdeckten den Körper.

Da keine Einbruchspuren gefunden wurden, stand schnell fest, dass Manuela Rieger ihrem Mörder die Tür geöffnet haben muss. Einige Nachbarinnen erinnerten sich, dass die junge Frau regelmäßig Besuch bekommen habe von einem etwa 1,80 Meter großen, schlanken Mann. Mit ihm habe sie Klavier gespielt. Aber in letzter Zeit habe es immer mal wieder Streit gegeben in der Wohnung.

Schnell war Bernd Tal als Klavierlehrer von Manuela Rieger ermittelt, aber für die Tatzeit hatte er ein Alibi. Er sagte, er habe mit einer Schülerin geprobt. Die 28-Jährige bestätigte das, deshalb schied Tal als Tatverdächtiger aus. Vergeblich suchte die Mordkommission weiter – unter dem Druck der Staatsanwaltschaft und der Öffentlichkeit. Denn der Fall erregte Aufsehen, verbreitete Angst. Ein abgeschnittener Kopf mitten in einem Park, das hatte es zuvor in Berlin noch nicht gegeben.

Dann, vier Tage später um 11.30 Uhr mittags, geht bei der Polizei wieder ein entscheidender Notruf ein. Ein Pizzeria-Besitzer aus der Hauptstraße in Schöneberg gibt an, dass in seinem Haus ein toter Mann liege. Und der Mörder sitze in seinem Laden. Was er sagt, bestätigt sich: Als die Polizisten dort ankommen, finden sie im Hinterhaus den Mieter Dietmar Händler* in seinem Wohnzimmer. Er liegt tot auf dem Boden, das Gesicht zertrümmert. Zwischen den Augen steckt ein Schraubendreher im Kopf. In der Pizzeria im Vorderhaus gehen die Schutzpolizisten auf einen Mann zu, der allein an einem Tisch sitzt und aus dem Fenster starrt. Als die Beamten vor ihm stehen, erhebt er sich und sagt: »Ich bin der gesuchte Kopfabschneider.« Er gibt sofort zu, Manuela Rieger und Dietmar Händler getötet zu haben, und lässt sich widerstandslos festnehmen. Es ist Bernd Tal.

Bernd Tal wuchs mit einer jüngeren Schwester bei den Eltern in Köln auf. Er verehrte seinen Vater, der Maurer gelernt hatte, aber als Kunstmaler Geld verdiente. Seine Mutter arbeitete als Kassiererin. Musik war Bernds Leidenschaft. Seine Freunde beneideten ihn, weil er schon mit fünf Jahren Noten lesen konnte. Als sein von ihm bewunderter Vater bei einem Unfall starb, brach für den damals 14-Jährigen eine Welt zusammen. Die Mutter kümmerte sich fortan mehr um seine Schwester als um ihn. Mit 17 Jahren lernte Bernd ein 15-jähriges Mädchen aus Berlin kennen. Die Mutter willigte ein – ja, sie war sogar erleichtert –, als Bernd fragte, ob er zu seiner Freundin und deren Eltern ziehen dürfe. Seine »neuen Eltern« meldeten ihn in einem musischen Gymnasium an. Tal, bei dem ein Intelligenzquotient von 120 festgestellt wurde, studierte später an der Hochschule der Künste. Er wollte Musiklehrer werden. Schon mit 16 Jahren hat er Klavier unterrichtet. Aber anstatt zu studieren, machte er mit Kumpels in Kneipen Musik. Nach sieben Semestern schmiss er die Ausbildung und gab fortan privat sowie an der Zehlendorfer Musikschule Klavierstunden. 1985 heiratete Bernd Tal. Die Ehe hielt zwei Jahre. Der Musiklehrer hatte oft Haschisch, Kokain und Speed in seinen Taschen. Er konsumierte die Drogen nicht nur, sondern handelte auch damit.

In dieser Zeit begann offenbar seine psychische Krankheit; Bekannte sagten später, er sei wahnsinnig geworden. Eines Tages im Herbst 1986 saß der 26-jährige Tal am Klavier und wollte komponieren. Doch plötzlich versagten ihm die Finger. Er röchelte nach Luft, fiel auf die Knie. Dann, so sagte er später vor Gericht, habe er eine Stimme gehört. Sie habe ihn gefragt, ob er ein Diener sein wolle. Er war sicher, dass Gott zu ihm gesprochen hat. Und er willigte ein. An diesem Tag, so könnte man sagen, endete das normale Leben des Bernd Tal. Von nun an musste man vor ihm Angst haben. Religiöser Wahn bestimmte sein Leben. Seine Ehe scheiterte, und Tal heiratete 1989 ein zweites Mal. Die neue Frau, eine Serviererin, bekam zwei Söhne. Sie seien das Wichtigste in seinem Leben, erzählte Tal immer wieder – neben seinem Glauben. Aber erst einmal suchte er lange nach einer Heimat für diesen Glauben. Zunächst trat er zusammen mit seiner Frau aus der katholischen Kirche aus und in die evangelische ein. Später konvertierte das

Paar telefonisch zum Islam. Doch Bernd Tal war sich nicht sicher, pendelte ständig zwischen Christentum und Islam.

Bereits Ende der 80er Jahre diagnostizierten Psychiater, die ihn behandelten, eine paranoide Schizophrenie. Die ihm verschriebenen Medikamente nahm Tal nicht. Schließlich wies ihn der sozialpsychiatrische Dienst Schöneberg in die Nervenklinik Spandau ein. Die Mitarbeiter des Dienstes waren auf den 31-Jährigen aufmerksam geworden, als er im Februar 1991 auf dem Magdeburger Hauptbahnhof laut zu Gott gebetet und den Bahnsteig geküsst hatte. Außerdem hatte Bernd Tal seinem 17 Monate alten Sohn ein Feuerzeug vors Gesicht gehalten, weil er bei ihm auf diese Weise Dämonen austreiben wollte. Zuvor hatte er am Bahnhof Zoo dasselbe bei einem wildfremden weinenden Kind getan. Tal hielt es für ein Zeichen von oben, dass das Kind, als es das Feuerzeug sah, aufhörte zu weinen. Er glaubte, als Diener Gottes Wunder vollbringen zu können.

Als Tal nach acht Wochen die psychiatrische Klinik wieder verlassen wollte, ließen ihn die Ärzte gehen, eine Gefahr für die Allgemeinheit sahen sie nicht. Tal versprach, sich ambulant behandeln zu lassen. Tabletten lehnte er allerdings ab.

Bernd Tal hatte es fortan schwer, er verdiente kaum genug Geld für seine Familie, fand keine Freunde und lebte weiterhin in seinem religiösen Wahn. Einen Raum seiner Dreizimmerwohnung funktionierte er zum Gebetsraum um. Die Wände malte er schwarz an, nagelte Messer, Speere, Bohrer daran, fertigte Skulpturen an und malte Bilder für das schwarze Zimmer, in dem er im Oktober 1993 zu einer Vernissage lud.

Sein späteres Opfer Manuela Rieger meldete sich auf eines seiner Zeitungsinserate, in denen er Klavierunterricht anbot. Jeden Montag um 18 Uhr kam sie in Tals Wohnung zum Klavierspiel. 30 Mark zahlte sie dem Lehrer pro Stunde. Im Laufe der Zeit kamen sich die Kindergärtnerin und der Familienvater immer näher. Das blieb Tals Gattin nicht verborgen: Sie warf die Schülerin aus der Wohnung und verbat sich weitere Besuche. Daraufhin kaufte Manuela Rieger ein Klavier und empfing Tal bei sich zu Hause. Bernd Tal genoss die Stunden zu zweit – bis zum 6. Dezember 1993. An diesem Tag erfuhr Manuela Rieger von ihm, dass dessen Frau ein drittes Kind erwartet. Die Kindergärtnerin war empört und setzte ihn vor die Tür. Kämpfen um einen Mann, der eine Frau und drei Kinder hat, das wolle sie nicht, sagte sie zu ihm. Und sie fügte hinzu, dass sie ihn nie wieder sehen wolle.

Am 25. Januar 1994 aber will Bernd Tal seine ehemalige Schülerin und Geliebte noch einmal sehen, um mit ihr über alles zu reden. Er denkt, dass ihre reine Seele in ihrem sündigen Körper gefangen sei. Eine Stimme – so erklärte er später seine Tat – habe ihm gesagt, dass er die Seele der Frau befreien müsse.

Tal verlässt seine Wohnung, bekleidet nur mit Jeans und T-Shirt, und nimmt ein Taxi. Als er gegen 17.30 Uhr vor Manuela Riegers Haus aussteigt, kommt sie gerade vom Fitnessstudio. Allein wollte sie gemütlich zu Abend essen, den Tisch hatte sie vorher bereits gedeckt. Als sie Bernd Tal erblickt, erschrickt sie, lässt sich aber überreden, ihn mit nach oben zu nehmen. Tal redet auf sie ein. Und denkt nur an das eine: Er muss ihre Seele retten. Manuela will es kurz machen – aber Tal hört auch in der Wohnung nicht auf zu reden. Er will, dass sie wieder eine Beziehung mit ihm eingeht. Nur so könne er sich um ihre reine Seele kümmern und sie vor ihrem sündigen Körper bewahren, argumentiert er – das erklärt er später seinen Therapeuten. Manuela Rieger will aber von dem wirr redenden Tal nichts mehr wissen. Nach einer halben Stunde sagt sie ihm, dass er gehen soll, und begleitet ihn in den Flur. Ein letztes Mal will Tal seine gescheiterte Liebe umarmen. Manuela Rieger willigt ein. Bernd Tal legt seine Hände um ihren Hals, betet still zu Allah und drückt zu. Sie sackt zusammen. Tal schlägt den Kopf der Erzieherin mehrmals auf den Boden. Und immer wieder bittet er Allah, sich ihrer Seele anzunehmen. Eine Viertelstunde lang, so wird später rekonstruiert, schlägt, würgt und drosselt er sein Opfer.

Um sicherzugehen, dass Manuela Rieger tot ist, zieht Tal sein Messer aus der Hosentasche und schneidet ihr in den rechten Arm. Danach trennt er den Kopf ab und verpackt ihn in den Rucksack der Erzieherin.

Er säubert die Wohnung und entkleidet den Torso bis auf den Slip. Dann wäscht er noch die Füße der jungen Frau, bevor er die Wohnung verlässt und den Kopf vor die Nathanaelkirche legt. Er sah das Haupt als Trophäe an, erklärt er später im Gerichtssaal. Den Kopf, aus dem die liebe gute Seele entwichen war, sollten möglichst viele Menschen sehen. Er glaubte, Jesus Christus zu sein, sagt er seinen Richtern.

Anschließend lässt er sich mit einem Taxi zum Leopoldplatz in Wedding fahren. Von dort aus will er in die Müllerstraße, um sich bei einer Schülerin ein Alibi zu beschaffen. Auf dem Weg dorthin kommt ihm – wie er später erklärt – die Idee, auch die Seele einer früheren Freundin zu retten. Als er vor deren Haus steht, sieht er ein Baugerüst am Gebäude. Daraufhin lässt er von seinem Vorhaben ab – denn eine innere Stimme, so sagt er seinen Psychologen, habe ihm erklärt, dass mit der Hausfassade auch die Seele der Frau gereinigt werde. Tal geht daraufhin zu seiner Schülerin und erzählt ihr, dass er auf Geheiß Allahs Manuela Rieger getötet habe. Er bittet die junge Frau, ihm ein Alibi für die Tatzeit zu geben. Diese ruft nicht die Polizei, sondern willigt ein und verspricht, Bernd Tal ein falsches Alibi zu geben – was sie dann auch tut, als sie von der Polizei gefragt wird. Hätte sie gleich die Polizei gerufen, hätte ein zweiter Mord verhindert werden können. Das sieht Monate später ein Richter auch so und verurteilt die 28-jährige Reisekauffrau wegen versuchter Strafvereitelung zur Zahlung von 7700 Mark.

Am Nachmittag nach der Tat schaut Tal aus einem Fenster seiner Wohnung. Er blickt zum Himmel und sieht Wolken, die für ihn wie ein Schwein und ein Hund wirken. Das Schwein vergleicht er mit Manuela Rieger. Tal glaubt, dass ein Schwein das Sinnbild für einen Menschen ist, der mit Gefühlen anderer spiele, so wie sie es getan habe. In einem Hund spiegelt sich für den verwirrten Mann ein Mensch wider, der sich nach einer Zigarette bückt. Beide Tiere, denkt er, müssen vernichtet werden. Das Schwein ist tot, fehlt nur noch der Hund, und so klopft Tal am nächsten Morgen bei seinem Nachbarn Dietmar Händler. Dieser ist schon angetrunken, lässt Tal aber ein – und ist überrascht, was dieser von ihm will. Er verlangt nämlich, dass er zum Islam konvertiere. Es störe ihn, dass er Alkohol trinke, dass er rauche und auf Ausländer schimpfe. Allah, so meint Tal, könne ihm helfen. Dietmar Händler will von alldem aber nichts wissen. »Gott hat mir auch nicht beim Renovieren geholfen«, erwidert der 40-Jährige und zündet sich eine Zigarette an. Bernd Tal schlägt sie dem Nachbarn aus der Hand. Als sich Dietmar Händler bückt, um die Zigarette aufzuheben, tritt ihm Tal mit dem rechten Fuß mit voller Wucht ins Gesicht. Sein Opfer stürzt zu Boden. Als Händler versucht aufzustehen, tritt der Klavierlehrer erneut zu. Immer und immer wieder. Längst ist Dietmar Händler ohnmächtig.

Um sicherzugehen, dass der Mann stirbt und damit seine Seele gerettet wird, holt Tal eine Axt aus dem Werkzeugschrank in der Wohnung, dreht sein Opfer auf den Bauch und schlägt Händler mit der scharfen Kante mehrmals ins Genick. Danach dreht er sein Opfer wieder auf den Rücken und schlägt ihm mit der stumpfen Kante der Axt einen Schraubendreher zwischen die Augen ins Gehirn. Er habe das »dritte Auge« öffnen wollen, um der Seele zu ermöglichen, schneller aus dem sündigen Körper zu entweichen, erklärte Tal vor Gericht. Nachdem er das Werkzeug im Schädel mehrmals gedreht hat, stopft der Klavierlehrer seinem Opfer noch ein Feuerzeug in den Rachen.

Dieses zweite Verbrechen konnte Tal nicht für sich behalten. Er erzählte es tags darauf dem Wirt der Pizzeria in seinem Haus – und wurde festgenommen. Das Landgericht hielt ihn für schuldunfähig, ordnete Sicherungsverwahrung an und wies ihn in die geschlossene Psychiatrie ein.

Fortan spielte Bernd Tal dort Klavier – auch an Heiligabend 1998, als Pfleger und Patienten vor seiner Tür lauschen. Einen Tag später dringt kein Klavierspiel mehr aus seinem Zimmer. Es ist still. Als Pfleger sich sorgen und nachschauen, finden sie Bernd Tal am Fenstergitter – er hat sich erhängt, mit einem Telefonkabel. *Lutz Schnedelbach*

Nudeln im Bauch

Im Internet lebt Tron noch. Nett sieht er aus, der junge Mann, wie er da auf dem Bildschirm über dem Wasser schwebt. Weich, irgendwie verletzlich. Anders jedenfalls als auf dem Foto, mit dem die Polizei nach Boris F. alias Tron gesucht hat, damals, als die Beamten dachten, dass das Computergenie gekidnappt worden sei. Auf dem Suchbild sieht er abweisend aus, vielleicht ein wenig ängstlich und misstrauisch – gar nicht so wie auf dem Bild, das Freunde zu seinem Gedenken ins Netz gestellt haben.

Es passt zur Geschichte von Trons Verschwinden, dass es zwei Bilder von ihm in der Öffentlichkeit gibt. Schließlich gibt es auch zwei Versionen davon, was dem 26 Jahre alten Computerhacker Boris F., genannt Tron, geschehen sein soll. Er wurde ermordet, sagen seine Eltern und seine Freunde vom Chaos Computer Club. Die Staatsanwaltschaft jedoch stellte die Ermittlungen ein: Für sie war es Selbstmord.

Es ist ein sonniger Tag, an dem Tron verschwindet – der 17. Oktober 1998. An jenem Tag isst er bei seiner Mutter, bei der er auch wohnt, eine Portion Spaghetti mit Basilikumsauce. Die Spaghettisauce ist ein wichtiges Detail. Boris' Mutter wird später sagen, dass sie die Sauce auf eine ganz besondere Weise zubereite und dass man ihre Sauce wieder erkennen könne, selbst im Magen eines Toten.

Boris verabschiedet sich zu einem Spaziergang. Als er nicht zurückkehrt, auch die Nacht über nicht, gehen seine Eltern zur Polizeiwache. Suchen nach dem Vermissten will dort aber zunächst niemand. Schließlich sei Boris erwachsen, und da dürfe man auch mal nachts nicht nach Hause kommen.

Erst die Beamten der Vermisstenstelle der Polizei reagieren anders. Sie fürchten, dass Boris möglicherweise Opfer einer Entführung wurde. Denn er ist in ihren Augen nicht irgendein verschwundener Mann, sondern ein Computerhacker, für den sich Softwarefirmen interessieren, der unbequem ist und vielleicht jemandem im Wege stehen könnte. Später formuliert die Generalstaatsanwaltschaft, »dass es sich bei Boris F. um eine Persönlichkeit mit außerordentlichen Fähigkeiten gehandelt hat, wodurch er das Interesse unterschiedlichster Kreise auf sich zog und sein Wissen ein Motiv für ein Verbrechen darstellen könnte«.

Die Beamten recherchieren in den ersten Tagen nach Boris' Verschwinden seine Karriere als Computerhacker: Lange hatte er sich damit beschäftigt, die Codes auf Telefonkarten zu knacken. Er stellte eine Karte her, die sich selbst wieder auflädt – erlaubt ist das nicht, aber es lassen sich damit illegal gute Geschäfte machen. Als die Telekom ihre Software änderte und Boris eine Telefonzelle demolierte, um an die neuen entscheidenden Informationen heranzukommen, fasste ihn die Polizei. Er wurde zu einem Jahr Haft auf Bewährung verurteilt. Trotzdem arbeitete er weiter als Hacker, entwickelte eine Karte, mit der Codes von Pay-TV-Programmen geknackt werden können. Hersteller derartiger Verschlüsselungssysteme haben ein Interesse daran, dass solche jungen Computertalente wie Boris F. für sie arbeiten oder zumindest nicht gegen sie.

Die Polizei sah in dieser Tatsache einen Ansatz für Ermittlungen und vernahm einen Vertreter des Murdoch-Konzerns, weil das Unternehmen zuvor einmal den jungen Hacker anwerben wollte. Direkt vor seinem Verschwinden hatte Boris dann eine Technik zum Verschlüsseln von ISDN-Telefonaten entwickelt. Derart verschlüsselte Gespräche könnten nicht abgehört werden. Auch in diesem Zusammenhang schien den ermittelnden Beamten eine Entführung denkbar.

Die Fahndung nach möglichen Geiselnehmern läuft aber nur vier Tage. Am 22. Oktober 1998 wird Tron gefunden. Er hängt an einem Baum in einer Grünanlage in der Nähe vom U-Bahnhof Britz-Süd. Um den Hals ist ein Gürtel geschlungen, mit einer Drahtschlaufe zum Aufhängen verlängert. Eine Funkstreife alarmiert die Dienst habende 3. Mordkommission mit ihrem Leiter Klaus Ruckschnat. »Es kann nur Selbstmord gewesen sein«, sagt dieser heute, »da bin ich mir hundertprozentig sicher.« Ruckschnat und seine Leute machen an jenem Oktobertag Fotos vom Tatort in Neukölln, ganze Stapel davon liegen noch im Keller des Landeskriminalamtes. Bodenproben werden entnommen, der Strang sowie die Kleidung untersucht. »Wir mussten wissen: Wie ist er hochgekommen? Gibt es Anhaftungen an Schuhen, an der Hose, die dafür oder dagegen sprechen, dass er selbst auf den Baum geklettert ist?«, erklärt Ruckschnat. Aber die Ermittler finden nichts, was darauf hindeutet, dass jemand den Informatiker aufgehängt haben könnte. »Da gab es keine Widersprüche«, sagt der Leiter der Mordkommission. Die Furche am Hals des Toten stimmt mit Breite und Lage des Gürtels überein – das schreiben die Gerichtsmediziner. »Bei der Obduktion hätte man dem Körper angesehen, wenn ihn jemand gegen seinen Willen festgehalten hätte«, erläutert Ruckschnat. »Ich sage nicht: Das war Selbstmord – aber es gibt keine Erkenntnisse, dass eine fremde Hand im Spiel war.«

Ruckschnat redet gern über diesen Fall. Auch, weil er einem anderen Mann und dessen Theorien etwas entgegensetzen will. Dieser andere ist Andy Müller-Maghun, Sprecher des Chaos Computer Clubs, mit dem Boris zusammenarbeitete. Müller-Maghun hat vor allem in den ersten Jahren nach Boris' Tod – auch im Namen der Eltern und Freunde

– dafür gekämpft, dass eine andere Version des Geschehens als Wahrheit anerkannt wird.

Andy Müller-Maghun sagt, es sei Mord gewesen. Er sagte das früher sehr häufig. Vor allem auf Treffen der Computerhackerszene, die im Jahr nach dem Tod von Boris über den Fall erregt diskutierte. Die These von Müller-Maghun ist heute noch im Internet nachzulesen. »Boris wurde am 17.10.98 an einen Ort zu einem Gespräch gelockt, um ihn zur Aufgabe des Cryptofon-Projekts zu bringen«, heißt es unter www.tronland.net. Beim Cryptofon handelt es sich um jene Verschlüsselungsanlage für ISDN-Telefonate, an der Boris gearbeitet hatte. »Das Gespräch, eher kurz und einseitig, brachte keinen Erfolg. Man hatte auch nicht wirklich damit gerechnet und bereits einen detaillierten Plan zur Tötung vorbereitet. Er wurde sitzend mit einem Gürtel von hinten stranguliert, ehe er noch irgendwie reagieren konnte. Danach wurde der Körper sofort in einen vorbereiteten Kühlbehälter verbracht und am 22. Oktober an den Baum gehängt.«

Abenteuerlich klingt diese Version. Aber die Freunde Trons, die Eltern und ihr Rechtsanwalt haben im Verlauf des Ermittlungsverfahrens einige Unstimmigkeiten aufgedeckt, die ihre Zweifel an einem Selbstmord verstärkten. Auch ihre Spurensuche ist noch nachzuvollziehen – ebenfalls im Internet unter www.tronland.net. Dort sind sogar Auszüge des Obduktionsberichts zu lesen. Die Rechtsmediziner kamen zu dem Schluss, dass zwischen Todeseintritt und Auffinden der Leiche wahrscheinlich nur ein Tag vergangen ist, maximal zwei Tage. Die Obduzenten fanden Fliegeneier in Mund- und Nasenhöhle des Toten, aber keine geschlüpften Maden. »Heimische Fliegenarten gehen typischerweise auf Grund ihres ausgeprägt guten Geruchssinns sehr schnell an beginnend fauliges Material heran und legen dort ihre Eier ab. Dies wird im Berliner Stadtgebiet praktisch ausnahmslos innerhalb weniger Stunden beobachtet. Das Schlüpfen der Maden der heimischen Fliegenarten erfolgt im Durchschnitt nach 24 Stunden«, heißt es im Bericht. Der Tod könne also nur am 20. oder 21. Oktober eingetreten sein.

Im Magen des Toten fanden die Obduzenten allerdings große Mengen Nudeln mit Basilikumsauce – offenbar das, was Boris am 17. Oktober bei seiner Mutter gegessen hatte. Der Rechtsanwalt der Eltern regte daraufhin eine weitere Untersuchung an, für welche die Staatsanwaltschaft die Rechtsmediziner der Freien Universität beauftragte. Diese gingen davon aus, dass Speisen nur etwa vier Stunden im Magen bleiben. Demnach müsste Boris bereits am 17. Oktober gestorben sein: ein Widerspruch zum testierten Todeszeitpunkt maximal zwei Tage vor Auffinden der Leiche. Um herauszufinden, ob der Mageninhalt mit dem Mittagessen der Mutter übereinstimmt, empfahlen die Wissenschaftler, eine entsprechende Mahlzeit nachzukochen und mit dem Vergleich einen Lebensmittelchemiker zu beauftragen.

Theoretisch sei es aber auch möglich, so die Gerichtsmediziner, dass Boris direkt nach seinem Tod in eine Kühlkammer gebracht und bei zwei bis vier Grad aufbewahrt wurde. Bei solchen Temperaturen verändere sich der Körper innerhalb von Tagen kaum.

Trotzdem – die Staatsanwaltschaft ließ das Essen nicht nachkochen. Sie stellte am 31. Mai 2001 die Ermittlungen ein. »Die Obduktionsbefunde lassen sich mit einem suizidalen Erhängungsvorgang ohne weiteres in Einklang bringen«, heißt es in einem Schreiben an den Rechtsanwalt von Boris' Eltern. Und weiter: »Hinweise für Abwehrverletzungen, Griffspuren oder Fesselungsspuren fanden sich an den Armen wie auch den Beinen nicht.« Die Eltern legten Beschwerde ein. Aber ohne Erfolg.

Als sie im März 2002 die noch bei der Polizei aufbewahrte Kleidung ihres Sohnes abholten, wurden sie erneut stutzig. Zum ersten Mal sahen sie den Gürtel, mit dem sich ihr Sohn aufgehängt haben soll. »Wir können versichern, dass unser Sohn Boris einen solchen Gürtel nie besessen hat«, schrieben sie daraufhin an ihren Anwalt. Der Gürtel sei zu lang. »Die daran sichtbaren Gebrauchsspuren, entsprechend Taillenumfang 96 Zentimeter, können auch nicht von ihm stammen.« Boris habe einen Taillenumfang von 75 Zentimetern gehabt. Außerdem könne ihr Sohn auch den Draht, mit dem der Gürtel verlängert worden war, nicht auf die gegebene Art verknotet haben, weil er mit Schleifen und Knoten große Schwierigkeiten gehabt habe. Er sei zum Beispiel unfähig gewesen, die Schnürsenkel an seinen Schuhen zu binden. Die Eltern beantragten die Wiederaufnahme der Ermittlungen – unter anderem, weil sie mit Hilfe eines DNA-Tests geklärt haben wollten, ob Boris den Gürtel überhaupt angefasst hat.

Der Staatsanwalt sah jedoch keine Gründe für neue Ermittlungen und schrieb: »Dass die Möglichkeit besteht, auch mit einem fremden Gürtel Selbstmord zu begehen, liegt auf der Hand.« Auf das Schleifenproblem ging er nicht ein. Da auch weder Abwehrspuren noch Betäubungsmittel im Magen des Toten gefunden wurden, gebe es keinen Anhaltspunkt dafür, dass Boris getötet wurde. Den Widerspruch zwischen testiertem Todeszeitpunkt und dem Todeszeitpunkt, auf den der Mageninhalt hindeutet, löst ein Ermittler, der nicht genannt werden will, folgendermaßen: »Vermutlich haben sich die Gerichtsmediziner einfach beim Todeszeitpunkt geirrt, und Boris hat fünf kalte Tage und Nächte lang, wie unter Kühlhausbedingungen, an dem Baum gehangen. Bei niedrigen Temperaturen fliegen ja auch keine Fliegen, können also keine Eier ablegen, und damit ist es logisch, dass die Mediziner keine Maden finden konnten.«

Der Rechtsanwalt der Eltern legte im Juni 2002 erneut Beschwerde ein, diesmal gegen die Nichtwiederaufnahme des Verfahrens. Die Generalstaatsanwaltschaft wies die Beschwerde aber zurück.

Deshalb gibt es noch immer zwei Versionen: die der Eltern und Freunde, die vermuten, dass Boris mit seinen Cryptofon-Entwicklungen wohl Geheimdiensten im Wege gestanden habe, und die offizielle Version, die von Selbstmord ausgeht. Einen Verdacht gegen jemanden, der Boris hätte umbringen wollen, fanden die Ermittler nicht – ein Motiv für einen Suizid allerdings auch nicht. *Julia Haak*

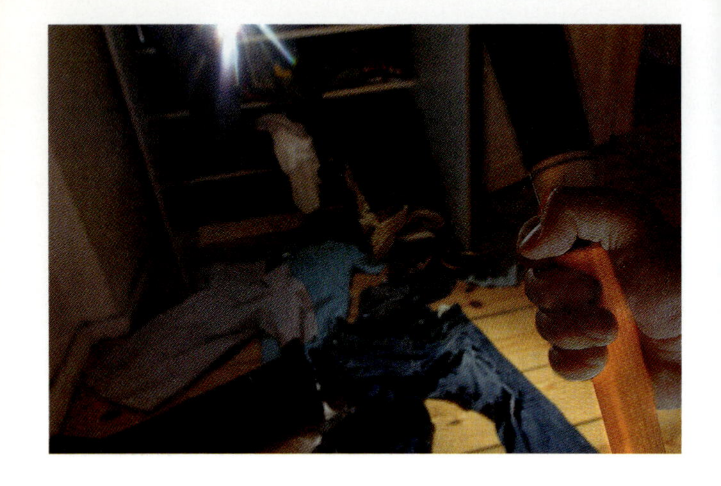

Im Zweifel für den Angeklagten

Jonathan Mitchell* weiß, wie es ist, wenn man zu einer lebenslangen Freiheitsstrafe verurteilt wird. Am 13. Februar 1997 sprach ihn das Berliner Landgericht wegen Mordes an dem Dahlemer Ölmillionär Ottmar Krause* und versuchten Mordes an seiner früheren Verlobten Susanne Brömel* schuldig. Jonathan Mitchell weiß auch, wie es ist, wenn man freigesprochen wird. Nachdem der Bundesgerichtshof das erste Urteil aufgehoben hatte, wurde ihm zum zweiten Mal der Prozess gemacht. Am 8. Februar 1999 fiel das Urteil einer anderen Kammer des Berliner Landgerichts – er wurde noch am gleichen Tag aus dem Gefängnis entlassen.

Aber er hatte sich zu früh gefreut: Der Bundesgerichtshof hob auch dieses Urteil auf, es gab einen dritten Prozess. Als freier Mann kam Jonathan Mitchell zu den Verhandlungen. Er hatte wieder mit einem Freispruch gerechnet. Aber im Januar 2002 wurde er erneut zu lebenslanger Haft verurteilt. Seine Anwälte legten wieder Revision ein, die dritte in diesem Verfahren. Im April 2004 sollte dann ein viertes Urteil ergehen, ein letztes, ein endgültiges, direkt ausgesprochen vom Fünften Senat des Bundesgerichtshofs in Leipzig. Die obersten Strafrichter hoben die Haft auf, sprachen Jonathan Mitchell frei. Kaum ein anderer Fall hat deutsche Strafgerichte derart intensiv beschäftigt.

Am 26. August 1995 um 14.45 Uhr bot sich einer Krankenpflegerin in Krauses Dahlemer Villa ein entsetzliches Bild: Im Erdgeschoss kauerte ihre Kollegin Susanne Brömel vor einem Tisch, um sie herum eine Blutlache. Sie war nicht mehr ansprechbar, hielt ihre Hände aber noch über den Kopf, als wolle sie Schläge abwehren. Jemand hatte brutal auf sie eingeschlagen. Im ersten Stock lag der an Parkinson leidende 69-jährige Ölhändler Ottmar Krause ebenfalls mit schwersten Kopfverletzungen in seinem Bett. Der Schlafzimmerschrank stand offen, Kleidungsstücke lagen auf dem Boden verstreut herum. Der im Schrank versteckte Tresor war zu sehen, aber noch verschlossen.

Die Experten der Spurensicherung untersuchten alles akribisch. Das Ergebnis war dennoch mehr als dürftig. Es gab keine Einbruchsspuren, der Täter muss also durch die Terrassentür hereingekommen sein, die meistens offen stand. Sämtliche Blutspuren wurden analysiert. Sie konnten nur den beiden Opfern zugeordnet werden, keinem Fremden. Und auch ein Tatwerkzeug wurde nie gefunden. Mit einem Gegenstand, rund und ohne Kanten, soll auf den Ölhändler und seine Pflegerin Susanne Brömel eingeschlagen worden sein. Gerichtsmediziner sprachen von einem »auffällig ähnlichen, nahezu identischen Verletzungsmuster« am Kopf beider Opfer. Eine dicke Flasche hätte die Waffe gewesen sein können. Oder das runde Ende eines Baseballschlägers. Die Mordkommission verfolgte mehrere Spuren.

Der Ölhändler war ein Mann, der seinen Reichtum gern zur Schau stellte. Krause hatte Millionen mit dem Handel von Kohle und Heizöl verdient. Er lebte getrennt von Frau und Töchtern und galt als ausgesprochen unangenehm im Umgang mit Menschen. Sein Pflegepersonal kündigte er, wie es ihm passte, und stellte es manchmal eine Stunde später wieder ein. Der Millionär hatte enge Kontakte ins Rotlichtmilieu, früher ging er oft in Sexklubs. Als er bettlägerig wurde, ließ er sich regelmäßig von einer Prostituierten in seiner Villa besuchen – zuletzt in der Nacht vor der Tat.

Ein paar Tage vor dem Überfall war Krause in Begleitung einer Pflegerin in die Schweiz gereist und hatte dort eine Million Mark von einem seiner Konten abgehoben. Den Verbleib von 250 000 Mark konnten die Ermittler klären, aber der Rest des Geldes ist bis heute verschwunden.

Zwei Wochen nach der Tat starb der Ölmillionär im Krankenhaus, ohne zuvor noch einmal zu Bewusstsein gelangt zu sein. Susanne Brömel überlebte mit schweren Hirnschädigungen. Sie musste mehrfach operiert werden, litt immer wieder unter epileptischen Anfällen und wurde in ein künstliches Koma versetzt. Lange Zeit konnte sie nicht vernommen werden. Besucher wurden aufgefordert, mit ihr nicht über die Tat zu sprechen, bevor die Polizei sie befragte. Eine Beamtin bewachte sie. Ihre Eltern besuchten sie fast täglich und Jonathan Mitchell kam anfangs oft. Er hat auch gemeinsam mit Susanne Brömels Vater in einer Kapelle für sie gebetet.

Als die Pflegerin aus dem Koma erwachte, erzählte sie Anfang November zunächst der Polizei, sie könne sich an den Tag der Tat nicht mehr erinnern. Dann sprach sie von einem großen, kräftigen Mann. Mitte Dezember sagte sie plötzlich: »Jonathan war's.«

Jonathan Mitchell wurde verhaftet. Er ist US-Amerikaner, geboren in Pennsylvania. Er hat schwarze Haut und eine wilde Rastamähne. Nach dem Highschool-Abschluss machte er eine Ausbildung zum Zimmermann. Dann, 1983, verpflichtete er sich für mehrere Jahre bei der Army. Nach dem Grundwehrdienst kam Mitchell nach Berlin. 1987, als seine Armeezeit zu Ende war, blieb er und schlug sich irgendwie durch. Er fuhr Pakete aus, arbeitete als Dachdeckergehilfe und jobbte als Barkeeper. Jonathan Mitchell gilt als selbstverliebt, aggressiv und sehr eifersüchtig. Auch hatte er nie Geld, dafür bergeweise Schulden. Eine Arbeitsstelle verlor er, weil er sich von Kollegen immer wieder Geld lieh und es nicht zurückzahlte.

Im Frühjahr 1993 lernte der damals 30-jährige Amerikaner die 22-

jährige Susanne Brömel kennen, kurze Zeit später verlobten sie sich. Susanne Brömel ist das genaue Gegenteil von Jonathan Mitchell: Gutachter schilderten sie als korrekt und solide, eine Person mit klaren Zielen und dem Wunsch nach einem bürgerlichen und finanziell abgesicherten Leben. Sie arbeitete damals ebenfalls in einer Bar, ließ sich später zur Physiotherapeutin ausbilden und verdiente sich nebenbei als Pflegerin bei Ottmar Krause etwas dazu.

Die junge Frau war sehr verliebt in Jonathan Mitchell, nahezu bedingungslos. Sie nahm es hin, dass er nächtelang wegblieb und sie mit anderen Frauen betrog. Susanne Brömel organisierte Mitchells Leben, verwaltete sein Geld. Sie wollte sich oft von ihm trennen, warf ihn aus der Wohnung. Er stand wieder vor ihrer Tür, dann überlegte sie es sich anders. Beide mieteten schließlich sogar gemeinsam eine neue Wohnung. »Es war ein ewiges Auf und Ab«, berichteten Zeugen. Die Ermittler nahmen an, dass Jonathan Mitchell sich an seiner Freundin rächte, weil sie ihn endgültig verlassen wollte. Er soll mit einem Baseballschläger auf sie eingeschlagen haben. Dann soll er den alten Mann im ersten Stock husten gehört und auf diesen eingeschlagen haben, weil er ihn hätte verraten können. So jedenfalls argumentierten die Richter bei ihren Verurteilungen zu lebenslanger Haft.

Die Tat passte irgendwie zu Jonathan Mitchell. Er hatte schon einmal aus Eifersucht eine Freundin mit einem Baseballschläger verprügelt. Auf eine andere Frau war er im Streit mit Schlägen und Tritten losgegangen. Außerdem hat er sich nach der Tat merkwürdig verhalten: Zuerst erzählte er der Polizei, er habe in den Tagen vor der Tat Susanne Brömel gar nicht getroffen und für einen Pizzaservice gearbeitet. Dort aber wurde erklärt, Mitchell sei in dieser Zeit nicht zum Dienst eingeteilt gewesen. Mitchells Alibi zur Tatzeit – er sagte, er sei im Fitnessstudio gewesen – konnte nicht auf die Stunde genau nachgeprüft werden, weil sich die Trainer nicht mehr erinnerten. Schließlich wurde ein Terminplaner, den Susanne Brömel eigentlich immer in ihrem Rucksack bei sich trug, in Jonathan Mitchells Wohnung gefunden. Hatte er ihn am Tatort eingesteckt, um nachzusehen, ob die korrekte Susanne etwas über ihn hineingeschrieben hatte? Und dann war da ja noch dieser Satz von ihr, den sie den Polizisten gegenüber sagte: »Jonathan war's.«

Doch konnte man dieser Aussage glauben? Hat sich Susanne Brömel, deren Hirn durch die Verletzungen erheblich geschädigt worden war, wirklich erinnert? Oder hat sie in ihrem Unterbewusstsein nur den Verdacht anderer gespeichert, die sich an ihrem Bett unterhielten, während sie im Koma lag? Und warum sagte sie zuerst, sie könne sich nicht erinnern, und behauptete dann etwas anderes?

Vor allem der Satz »Jonathan war's« beschäftigte die Gerichte. Krankenschwestern und Mitpatienten wurden gefragt, ob Susannes Eltern während ihrer Besuche im Krankenhaus mit der Tochter über die Tat geredet haben. Ob sie Susanne vielleicht danach fragten, ob Jonathan der Täter gewesen sein könnte. Und ob diese nicht eines Tages die Vermutungen ihrer Eltern wiedergab.

Hirnforscher hielten in den Gerichtssälen Vorträge über Ursache und Ausmaß von Erinnerungslücken, über Abrufstörungen, Amnesien und mögliche Manipulationen am Gedächtnis. Es ging um Prozente und Wahrscheinlichkeiten des Ausmaßes von Susannes Erinnerungen. Es war die Rede von einer besonderen Schädigung des Frontalhirns, bei der Erinnerungen zwar unwahrscheinlich, aber möglich sind. Von intensiven Träumen während des Komas wurde gesprochen, die häufig zu Fehlerinnerungen führten.

Vor dem letzten, endgültigen Urteil haben die Richter des Bundesgerichtshofes einen weiteren Gutachter gehört. Das war ungewöhnlich. »Wir wussten uns nicht anders zu helfen, als uns weiter sachkundig zu machen«, sagte die Vorsitzende Richterin Monika Harms. Der Senat beauftragte Yves von Cramon, Direktor am Leipziger Max-Planck-Institut für Neuropsychologische Forschung. Dieser sah sich die Expertisen der anderen Gutachter an. Er kam zu dem Schluss, dass man keine eindeutigen Feststellungen über die Qualität von Susanne Brömels Erinnerungen an die Tat treffen kann. Ein »scheinbares Erinnerungsbild« sei »nicht ganz von der Hand zu weisen«. Aber mehr eben nicht. Für einen Schuldspruch war das nicht genug.

Mit kurzen Unterbrechungen hatte Jonathan Mitchell bis zu diesem Tag im April 2004 fast acht Jahre im Gefängnis gesessen. Als er entlassen wurde, war er 41 Jahre alt. Für die zu Unrecht verbüßte Haft stehen ihm laut Gesetz pro Tag elf Euro als Entschädigung zu. Zusätzlich könnte er entgangenen Lohn einklagen. »Wenn er schuldig ist«, sagte die Vorsitzende des Fünften Strafsenats, Monika Harms, bei der Urteilsverkündung, »dann muss er das vor seinem Herrgott verantworten.«

Sabine Deckwerth

Der letzte Tanz

Es muss ein seltsames Gespräch gewesen sein, im Juni des Jahres 1997: Da saßen, in einem Straßencafé irgendwo in Berlin, ein Journalist und Jürgen Schmidt*, der »Ballhausmörder« zusammen. Der Doppelmörder habe seinen ersten Haselnuss-Eisbecher in Freiheit genossen – nach 18 Jahren Gefängnis und Psychiatrie. Immer wieder habe Schmidt nervös in seinem Jackett nach seinem Personalausweis getastet, ließ der Boulevardjournalist später seine Leser wissen. Er sei geheilt und trinke keinen Alkohol mehr, durfte der Ex-Häftling per Zeitung verlautbaren. Schließlich sei ja nur der Alkohol an allem schuld gewesen.

Geheilt? Keinen Alkohol mehr? Was auch immer Schmidt sagte – fünf Monate später wurde er rückfällig, überfiel in einer Kneipe in Braunschweig eine Frau und würgte sie bis zur Ohnmacht.

Der Journalist des Boulevardblatts war nicht der Erste und nicht der Einzige, der sich in Jürgen Schmidt fürchterlich geirrt hat. Seine erste spektakuläre Tat hatte dieser 19 Jahre zuvor verübt.

Am 8. April 1978, einem Sonnabend, geht Schmidt in die Kneipe »Haltestelle«, dem heutigen »Schultheiss Eck« an der Ecke Rathenower/Perleberger Straße in Moabit. Einen Tag zuvor ist der 40-Jährige aus der Haft in Moabit entlassen worden, wo er wegen einer nicht bezahlten Rechnung gelandet war. In der Kneipe feiert der kräftige, aber nur 1,64 Meter große gelernte Tischler seine Freilassung – und lernt die acht Jahre ältere Ruth Wiener* kennen. Zusammen mit ihr zieht Jürgen Schmidt dann weiter, von Lokal zu Lokal. Sie trinken und sie küssen sich. Schließlich landen sie beim Wein im »Ballhaus Tiergarten« an der Perleberger Straße, einem Lokal, »in dem sich Menschen fortgeschrittenen Alters zur Kontaktaufnahme trafen«, wie es später in dem Polizeibericht heißt.

Früh morgens will Schmidt – so sagt er jedenfalls später im Prozess – die Frau nach Hause bringen. »Doch sie schrie hysterisch. Ich bat sie, leise zu sein, aber sie beschimpfte mich als Schlappschwanz. Da drückte ich zu.« Er habe sich von der Frau erniedrigt gefühlt. In einer späteren Vernehmung sagt der Angeklagte, dass ihm irgendwann das Gefühl gekommen sei, diese Frau sei eine von »den üblichen Kneipenmädels«. Er jedenfalls habe sich in seiner »Männlichkeit weggeworfen« gefühlt. Angeblich, um ihr zu zeigen, auf welcher Stufe sie für ihn stehe, riss er ihr die Hose und Unterwäsche herunter und öffnete den BH. Schließlich würgt Schmidt Ruth Wiener so lange, bis sie stirbt. Dabei, so gibt er später zu Protokoll, habe er sich in einem »Zustand der Erregung befunden, der als nicht normal zu betrachten ist«. Als Ruth Wiener tot war, habe er ihr – quasi als Entschuldigung – »drei Küsse auf den Mund hingehaucht«. Dann wirft er sie in ein Schleusenbecken.

Zwei Tage später ruft Schmidt die Polizei an, sagt, dass er die Tote kenne und auf dem Foto in der Zeitung identifiziert habe. Aber er ist nicht der einzige, der sich bei der Polizei meldet – Zeugen können sich gut an den letzten Begleiter von Ruth Wiener im »Ballhaus« erinnern. Ihre Beschreibung passt zu Jürgen Schmidt. Am 18. April 1978 wird er festgenommen.

Am 4. Oktober 1978 muss er sich vor dem Landgericht verantworten. Der psychiatrische Sachverständige diagnostiziert eine »prämorbid-schizoide Persönlichkeit«. Schmidt verdränge die Wirklichkeit, lebe in einer Scheinwelt, fühle sich permanent benachteiligt. Unter Alkoholeinfluss, so der Psychiater, lasse sich sogar eine vollständige Aufhebung der Schuldfähigkeit nicht ausschließen. Die Richter weisen Schmidt in die Psychiatrie der Karl-Bonhoeffer-Klinik ein. Nach drei Monaten stellen ihm die Ärzte einen so genannten »Parkschein« aus, mit dem er sich auf dem nahezu ungesicherten Klinikgelände frei bewegen darf.

Am Nachmittag des 11. Januar 1979 entkommt Jürgen Schmidt durch ein Loch im Zaun. Wieder zieht es ihn nach Moabit. Noch am selben Abend lernt er im »Ballhaus« wieder eine Frau kennen – die 78 Jahre alte Fabrikantenwitwe Hannelore Vietz*. Noch in derselben Nacht missbraucht und erwürgt Jürgen Schmidt die alte Frau in ihrer Wohnung. Sie habe ihn – so sagt er jedenfalls später – sexuell bedrängt, und er habe sich nur gewehrt. Bevor er geht, sucht er noch nach Geld und Schmuck. Schließlich zieht er seinem nackten Opfer vermeintlich wertvolle Ringe von den Fingern und flüchtet. Nach diesem zweiten Kapitalverbrechen geht Schmidt als »Ballhausmörder« in die Berliner Kriminalitätsgeschichte ein.

Und wieder wurde der Mörder kurz nach der Tat festgenommen. Eine Freundin der Toten hatte das ungleiche Paar noch am Abend im »Ballhaus« fotografiert, außerdem wurde am Tatort ein Handflächenabdruck von Schmidt gesichert. Nach anfänglichem Leugnen gestand er die Tat. Die selbe Strafkammer verurteilte ihn erneut – wegen Totschlags und Unterschlagung zu achteinhalb Jahren Haft. Danach wurde Jürgen Schmidt, bei dem eine »in mehrfacher Form psychisch abnorme Persönlichkeit« festgestellt wurde, in die Psychiatrie eingewiesen.

Doch dort blieb er nicht lange. Im Mai 1990 entkam er, und nachdem er erneut gefasst wurde, verlegte man ihn ins Krankenhaus des Maßregelvollzugs nach Buch im Norden Berlins. Zwei Jahre später flüchtete Schmidt auch von dort und wurde einen Tag später bei seiner Schwester im Vogtland gefasst. Dennoch erhielt er noch Ausgang. Am

4. Mai 1996 meldete sich der »Ballhausmörder« in Buch ab, er wolle zur Flugschau zum Flughafen Tempelhof. Drei Wochen später wurde er in einer Kneipe in Köpenick erkannt und zurück in die Klinik gebracht. Von Juni 1997 an lebte er in therapeutischen Einrichtungen, durfte Berlin nicht verlassen und musste sich einmal pro Woche zum Alkoholtest bei der Polizei melden. Aber er hielt sich nicht an das Verbot, Berlin zu verlassen – er fuhr ins niedersächsische Bad Pyrmont, lernte dort im Herbst 1997 eine Frau kennen, kam bei ihr unter, raubte ihren Schmuck und floh.

Auf seiner Flucht landet er schließlich in der Kneipe »Magnum« in Braunschweig. Es ist schon spät. Er ist der letzte Gast. Plötzlich springt Jürgen Schmidt auf, brüllt die Wirtin an: »Geld her!« Diese reagiert nicht wie gewünscht. Schmidt stürzt sich auf sie und würgt sie. Die Frau wehrt sich in Todesangst, schlägt zurück, beißt dem Angreifer die Kuppe des Ringfingers ab. Noch am Tatort nimmt die Polizei ihn fest.

Er habe nur einen Abschiedskuss von der Wirtin gewollt, gab er später zu Protokoll. Im Übrigen habe er sie nur gewürgt, um seinen Finger zu befreien, den sie ihm abbeißen wollte. Trotzdem kam Schmidt zunächst ins Gefängnis, wurde dann aber wieder in den Maßregelvollzug nach Buch gebracht. Mittlerweile lebt er in einem psychiatrischen Krankenhaus in Bayern. Dass der inzwischen 66-Jährige noch einmal in Freiheit wird leben können, ist unwahrscheinlich.

Manfred Vogt ist der Mann, der den »Ballhausmörder« zweimal gefasst hat – nach dessen erstem und zweitem Tötungsverbrechen. 28 Jahre lang war Vogt Chef der 4. Mordkommission, bis er im Oktober 2001 in Ruhestand ging. Mit seinem achtköpfigen Team bearbeitete er in seiner Amtszeit 564 Tötungsdelikte, 538 konnte er aufklären.

Der Fall des »Ballhausmörders« hat Vogt besonders interessiert. Er hat die Lebensgeschichte von Jürgen Schmidt für die Fachzeitschrift »Kriminalistik« nachgezeichnet und dabei festgestellt, dass Jürgen Schmidt schon 1952 aktenkundig geworden ist: wegen eines Sexualdelikts. Damals war er gerade mal 14 Jahre alt und lebte in der DDR.

Anschließend wurde er in der DDR mehrfach wegen politischer Straftaten und versuchter Republikflucht inhaftiert. Immer wieder kam Schmidt in psychiatrische Anstalten und Vollzugskrankenhäuser. 1972 kaufte ihn die Bundesrepublik frei, und er kam nach West-Berlin, wo er seit 1973 mehrmals wegen Diebstahls mit der Justiz in Konflikt geriet.

Schon damals war Schmidt ein Ruheloser, Getriebener, fühlte sich ungerecht behandelt, agierte sprunghaft und irrational. Schließlich ging er freiwillig zurück in die DDR, wurde dort erneut wegen Fluchthilfe inhaftiert, gelangte 1976 zurück nach West-Berlin, wo er ein Jahr später zwei Monate lang stationär in einer Nervenklinik behandelt wurde. Kurz darauf vergewaltigte er eine Frau, ehe er schließlich sein nächstes Opfer, Ruth Wiener, traf.

Dass Jürgen Schmidt immer wieder die Möglichkeit bekam, Vollzugslockerungen für weitere gleich gelagerte Delikte zu nutzen, bemängelt Vogt. Auch Karl Kreutzberg, seit 1994 Chefarzt im Krankenhaus des Maßregelvollzugs Buch und als solcher ebenfalls mit Jürgen Schmidt befasst, hat hierfür kein Verständnis. Insgesamt, so Kreutzberg, müsse man »ganz klar von einem Beispiel für misslungene Vollzugslockerungen sprechen«. Und er fügt hinzu: »Man hat das damals mit einer Blauäugigkeit betrachtet, die heute völlig unmöglich wäre.« Patienten mit solchen Krankheitsbildern wie dem von Jürgen Schmidt seien oft nicht therapierbar, weil sie niemanden an sich heranließen. Was die Patienten verdrängten, bliebe tatsächlich verdrängt, für immer.

Elmar Schütze

Strichcode der Wahrheit

Hans-Christian Ströbele dachte, dass er die Wahrheit kennt über Ingo Mende*. Sein Mandant hat seine Unschuld beteuert, immer wieder, hat gesagt, dass er die tote junge Frau gar nicht kannte. Und Ströbele hat ihm geglaubt. Ingo Mende hatte sich freiwillig bei der Polizei gemeldet. »Das war für mich ein wichtiges Indiz, dass er wirklich unschuldig ist«, sagt der Anwalt, der heute Bundestagsabgeordneter der Grünen ist. Er war bereit, ihn vor Gericht zu verteidigen. Ströbele wollte die Richter davon überzeugen, dass sein Mandant den Mord nicht begangen hat, dessen er verdächtigt wurde.

Sigrid Hermann ist Mende nie begegnet. Aber sie war die erste, die die Wahrheit erfuhr. Die Wahrheit war abzulesen aus vielen Strichen, die einem Barcode auf Waren im Supermarkt ähneln. Die Striche sind Teile einer DNA (Desoxiribo-Nucleid-Acid), des chemischen Stoffes, der unsere Erbinformationen enthält. Zwei solcher Strichmuster hatte die Diplombiologin in ihrem Labor im Landeskriminalamt vor sich liegen. Sie waren identisch. Das eine war aus einer Blutprobe von Ingo

Mende gewonnen worden. Das andere aus dem Sperma, das in der Vagina der Leiche von Sabine Klinger* und auf ihrem Bettlaken gefunden worden war. Da wusste Sigrid Hermann, dass der Angeklagte log, dass er Sabine Klinger vergewaltigt hatte. Es lag nahe, dass er sie auch getötet hatte.

Der Anwalt Hans-Christian Ströbele und Sigrid Hermann, die heute die DNA-Abteilung des Landeskriminalamtes leitet, können sich beide noch sehr gut an den Fall erinnern – 16 Jahre später. Denn zum ersten Mal in Deutschland wurde der genetische Fingerabdruck eines Menschen benutzt, um ein Verbrechen aufzuklären. Der Fall ging in die Kriminalgeschichte ein.

Das allerdings kann Hans-Christian Ströbele nicht ahnen an jenem Tag im März 1988, als ein aufgeregter Mann seine Kreuzberger Anwaltskanzlei betritt und erklärt, er werde mit dem Verschwinden einer Frau in Verbindung gebracht. Das sei alles ein Irrtum. Er will wissen, was er jetzt tun soll. »Gehen Sie zur Polizei«, sagt Ströbele. Der Mann will, dass der Rechtsanwalt mitkommt. Den Beamten erklärt er, dass er Ingo Mende sei, der Mann, dessen Namen und Passfoto die Polizei einen Tag zuvor in den Tageszeitungen hat veröffentlichen lassen. Er habe aber mit der seit zwölf Tagen vermissten Sabine Klinger nichts zu tun. Und er sei auch nicht der Mann, der vor einigen Tagen von Überwachungskameras gefilmt worden ist, als er mit der Bankkarte der jungen Frau Geld abhob.

Als die Polizei die Aufnahmen in Zeitungen abdruckt, wollen mehrere Anrufer Ingo Mende erkannt haben. Auch für die Beamten ist Mende kein Unbekannter: Der 31-Jährige ist erst vor drei Monaten aus dem Gefängnis entlassen worden. Er hat zehn Jahre Jugendstrafe abgesessen, weil er eine 73-jährige Gastwirtin beraubt und erstochen hat. Die Mordkommission ließ deshalb Mendes Bild veröffentlichen. Wer ihn alleine oder in Begleitung einer jungen Frau gesehen habe, sollte sich melden, wurde gebeten.

Die Beamten, bei denen Mende einen Tag später erscheint, behalten ihn trotz seiner Unschuldsbeteuerungen da. »Verdacht auf Computerbetrug« steht im Protokoll – wegen des Abhebens mit der Bankkarte. Wiederum sechs Tage später wird die Leiche von Sabine Klinger gefunden. Einem Kleingärtner der Kolonie »Neuköllner Berg« war aufgefallen, dass in der Laube auf dem Nachbargrundstück eine Scheibe eingeschlagen war. Er schaute hinein und sah die Tote.

Sabine Klinger wurde geknebelt, vergewaltigt und erdrosselt. So viel wissen die Beamten von der Mordkommission. Vermutlich wurde die Bankauszubildende aus ihrer Wohnung an der Silbersteinstraße in Neukölln in die Kolonie verschleppt. Es gibt einen Tatverdächtigen, Ingo Mende, gegen den aber außer ein paar schlechten Videoaufnahmen beim Geldabheben am Bankautomaten nichts vorliegt. Das einzige Mittel, das möglicherweise Klärung bringen kann, ist ein präziser Vergleich der Aufnahmen mit Fotos des Verdächtigen. Eine solche so genannte messtechnische Analyse wird beim Bundeskriminalamt in Wiesbaden in Auftrag gegeben.

Dann passiert nichts mehr, wochenlang. Ingo Mende sitzt in Untersuchungshaft, sein Anwalt Ströbele wartet auf das Ergebnis der Untersuchung. Er fährt mehrmals in die Laubenkolonie, sucht dort nach Hinweisen, nach Widersprüchen. »Ich habe mir Mühe gegeben, weil ich der Meinung war, da läuft was schief«, sagt Ströbele.

Im Juni wird Mende aufgefordert, eine Blutprobe abzugeben. Warum, wird weder ihm noch seinem Verteidiger gesagt. Er willigt ein. Im August laden Staatsanwaltschaft und Polizei zur Pressekonferenz. Dort wird verkündet, dass der Haftbefehl gegen Ingo Mende nun laute: wegen Mordes. Mendes Blut sei in England gentechnisch untersucht worden, ebenso Spermaspuren, die bei der Obduktion und auf einem Laken gesichert wurden. Das Ergebnis zeigt, dass Blut und Sperma von der gleichen Person stammen, erklärt die Polizei.

Sigrid Hermann ist bei dieser Pressekonferenz dabei. Sie ist von Anfang an dabei gewesen, seit die Ermittler ein paar Wochen zuvor die Idee hatten, diese neue Methode aus England auszuprobieren. Als sich die Beamten bei ihr melden, ist sie gerade von einem Workshop in England zum Thema DNA-Analytik bei der Verbrechensaufklärung zurückgekommen. Seit einem Jahr gibt es zu diesem Zeitpunkt nämlich bundesweit ein so genanntes DNA-Entwicklungsteam, bestehend aus drei Wissenschaftlern verschiedener Kriminalämter. Aus Berlin ist Sigrid Hermann dabei, die am Landeskriminalamt Berlin vor allem für Serologie und Blutgruppenbestimmungen zuständig ist.

Erst drei Jahre zuvor hatte der britische Genetiker Alec Jeffreys zum ersten Mal aus einer Körperzelle den genetischen Fingerabdruck eines Menschen isoliert. Aber schon jetzt ist klar, dass diese Entdeckung für die Ermittlungsarbeit der Polizei eine ähnlich große Rolle spielen wird wie einst die Entdeckung des Fingerabdrucks. Dass sie diese revolutionieren wird, weil bislang nutzlose Spuren vom Tatort – Sperma, ausgerissene Haare, Hautschuppen unter Fingernägeln, Zigarettenkippen, an denen sich Speichel befindet – einen Täter überführen können. Denn die Erbsubstanz eines Menschen ist in jeder einzelnen Körperzelle enthalten, und sie ist unverwechselbar. Die Wahrscheinlichkeit, dass sie bei zwei Menschen identisch ist, liegt bei eins zu fünf Milliarden.

In den USA und in England hat man bereits 1988 begonnen, mithilfe von DNA-Analysen zu ermitteln. Die Deutschen sind da vorsichtiger. Erst mal will man sich bei den Kollegen aus England ein Bild von der neuen Technik machen. In den Labors dort sieht Sigrid Hermann, wie die so genannten DNA-Spurenträger – zum Beispiel Stoffstücke mit Blut oder Spermaflecken – zerkleinert und erwärmt werden, bis schließlich die Zellkerne freiliegen, aus denen wiederum die DNA isoliert wird, das fadenförmige Molekül, auf dem die Genbausteine angeordnet sind. Weil man für die Analyse große Mengen DNA braucht, wird diese vervielfältigt und in einem aufwändigen Verfahren sichtbar gemacht, sodass am Ende die strichförmigen Muster erscheinen.

Das Patent für dieses Verfahren liegt bei einem britischen Chemiekonzern, dorthin schickt Sigrid Hermann die Blutprobe von Ingo Mende und die Spermaspuren. Acht Wochen dauerte damals die DNA-Analyse – heute braucht man drei Tage dafür. Dann kommt der Anruf aus England: Sperma und Blut stammen von der gleichen Person. »Das war dann schon beeindruckend«, sagt die Biologin heute.

Noch allerdings ist nicht klar, ob das Gericht dies auch so sieht. Das muss erst entscheiden, ob die DNA-Analyse beim Prozess gegen Mende überhaupt als Beweismittel zugelassen wird. Hans-Christian Ströbele ist entschlossen zu verhindern, dass es dazu kommt. Das vermeintliche Beweismittel stellt für ihn, den politisch links orientierten Anwalt und angehenden Politiker, einen unzulässigen Eingriff in die Privatsphäre dar. Zudem beteuert sein Mandant seine Unschuld.

Ströbele kündigt an, vor Gericht eine Grundsatzentscheidung für den künftigen kriminalistischen Einsatz von DNA-Analysen zu fordern, und sammelt Beispiele für Pannen, die es in den USA mit dem genetischen Fingerabdruck gegeben haben soll. Er will seinen Mandanten beim Prozess im Dezember freibekommen.

Dann ist der erste Prozesstag da – und mit ihm die zweite große Überraschung im Fall Sabine Klinger. Ingo Mende gesteht. Er erklärt, er habe die Frau umgebracht. Dann erzählt er, wie er im Februar durch Neukölln lief und an einer Tür in der Silbersteinstraße ein Schild entdeckte, das auf das Maklerbüro vom Vater des Opfers hinwies. Weil er eine Wohnung suchte, betrat er das Haus und klopfte an die Tür, auf der »Klinger« stand. Sabine Klinger öffnete, es war ihre Wohnung. Was dann geschah, begründete der Richter später mit Ingo Mendes »schwer gestörter Persönlichkeit«: Die Erkenntnis, dass er sich in der Tür geirrt hatte und an diesem Tag wohl doch keine neue Wohnung finden würde, machte Mende wütend. Er drang in die Wohnung ein und vergewaltigte die junge Frau. Anschließend schleppte er die verängstigte Frau in die nahe gelegene Laubenkolonie, eigentlich, um sie zu verstecken und die Eltern zu erpressen. Dann aber brachte er sie um.

Sein Anwalt hört das zum ersten Mal, wie alle im Saal. »Ich war wahrscheinlich überraschter als das Gericht«, sagt Ströbele heute. Er ist sich nicht mal sicher, ob Mende die Tat plötzlich zugab, weil er dachte, er sei ohnehin überführt. Ströbele sagt, er wisse nicht, was in dem Mann vorgegangen sei. Er selbst war verärgert, enttäuscht: »Das war natürlich eine unglückliche Situation.« Ein Mandant, der seinem Verteidiger sozusagen in den Rücken fällt mit einem plötzlichen Geständnis – »das ist mir in 30 Jahren als Anwalt nicht passiert.«

Ströbele bleibt Mendes Verteidiger. Es geht ja jetzt im Prozess auch ums Prinzip, wenngleich die DNA-Analyse als Beweismittel gar nicht gebraucht wird. Ist die Erstellung eines genetischen Fingerabdrucks vom Strafrecht überhaupt gedeckt? Nein, meint Hans-Christian Ströbele. Eine gesetzliche Grundlage fehle, es handele sich um einen Eingriff ins Persönlichkeitsrecht. Das Gericht ist anderer Meinung: Die Genanalyse dürfe zwar nur als »ultima ratio« eingesetzt werden, sei aber zulässig, wenn schwerwiegende Straftaten nicht anders aufgeklärt werden können. Ingo Mende wird schließlich zu lebenslanger Haft und anschließender Sicherungsverwahrung verurteilt.

Heute sagt Hans-Christian Ströbele, dass die DNA-Analyse ein »kaum ersetzbares Fahndungs- und Überführungsmittel« geworden sei und sich seine Bedenken nicht bestätigt hätten. »Das muss man so sagen.« Damals aber seien seine Argumente wichtig gewesen. Als Rechtsexperte der Grünen beschäftigt ihn das Thema DNA-Analyse auch heute immer wieder, nicht nur im Zusammenhang mit Verbrechen: »Grundsätzlich sehen wir eine Gefahr des Missbrauchs, wenn der Menschen in seinem Innersten offen gelegt wird.«

Bei Ermittlungen darf die DNA-Analyse nur angewandt werden, wenn es sich um Straftaten handelt, die als »schwer« eingestuft werden: Mord, Sexual- oder schwere Raubdelikte. Das hat der Bundesgerichtshof entschieden. Seit 1997 muss zudem eine richterliche Genehmigung vorliegen. In Berlin wird es im Jahr 2004 voraussichtlich 6000 solcher Beschlüsse geben. Sigrid Hermann hat einen Zettel an die Wand in ihrem Büro geheftet, auf dem steht, bei wie vielen Fällen ihr DNA-Team, das mittlerweile aus 24 Mitarbeitern besteht, in den vergangenen Jahren hinzugezogen wurde. Im Jahr 2000 waren es 3300, 2002 waren es 4500, 2003 schon 5300 Fälle. »Mit 6000 Fällen kommen wir jetzt wirklich an die Grenze dessen, was wir schaffen können«, sagt Hermann. Der sprunghafte Anstieg liegt auch daran, dass die Beamten zunehmend geschult werden und gezielt Spuren sammeln, die man vielleicht noch gebrauchen könnte. Verglichen mit 1988 sind heute winzige Spuren ausreichend für die Analyse. »Ein Blutfleck musste damals die Größe eines Zwei-Euro-Stücks haben, damit er brauchbar war, ein Spermafleck die eines Fingernagels«, erinnert sich die Biologin. Nun reicht ein Tropfen. Mit der fortgeschrittenen Technik könne man bei 80 Prozent der Sexualverbrechen verwertbare Spuren sichern – anfangs war das nur bei 20 Prozent der Fall.

Die so genannten DNA-Spurenträger kommen erst mal in die Asservatenkammer. Dort liegen sie in Kisten: »5 PET-Flaschen, 1 Teelöffel« steht auf einer, »1 Beil, 1 Bettzeug« auf einer anderen. Gänsehaut bekommen da nur Besucher von außen. Doch auch Sigrid Hermann packt immer wieder dieses Gefühl zwischen dem Schrecken über eine Tat und der Faszination von der Unweigerlichkeit, mit der die DNA-Analyse die Wahrheit ans Licht bringt. 1998 zum Beispiel, als sie und ihre Mitarbeiter sich bereit erklärten, dem Land Niedersachsen bei der Auswertung des größten Massengentests aller Zeiten zu helfen. Gesucht wurde der Mörder eines elfjährigen Mädchens. Ein paar tausend der 18 000 Speichelproben, die Männer im Raum Oldenburg abgegeben hatten, wurden ins Berliner Landeskriminalamt geschickt. Auch die Probe Nummer 3869. Sie gehörte dem Mörder – er hatte die Probe freiwillig abgegeben. Er hätte nicht gedacht, dass man einen Täter so einfach überführen kann, sagte der Familienvater später vor Gericht, wo er noch einen zweiten Sexualmord an einem Mädchen gestand.

Petra Ahne

Der Ausbrecherkönig

Es ist der 31. Dezember 1969. Ein Mann hangelt sich an der Mauer hoch, mit bloßen Händen und Füßen. Unten stehen die anderen und werfen verzweifelt mit Schneebällen nach ihm. Es ist ein großer Mann, ein kräftiger Mann. Einer, der sein ganzes Leben lang seinen Körper gestählt hat, um unempfindlich gegen Schmerzen zu sein. Um stärker als alle anderen zu sein, mit denen er zu tun hat. Um über so eine Mauer zu kommen. Der Mann heißt Eckehard »Ekke« Lehmann. Die mit den Schneebällen, das sind Gefängniswärter. Die Mauer ist mehr als zehn Meter hoch. Sie trennt die Justizvollzugsanstalt Tegel vom Rest der Welt. Und in diesem Rest, dem besseren Teil der Welt, will Ekke künftig leben. Deshalb bricht er aus.

Der Ausbruch am Silvestertag 1969 war spektakulär und der Anfang einer Legende. Insgesamt elf Mal ist Ekke Lehmann in den folgenden 24 Jahren noch aus Gefängnissen ausgebrochen. In den 70er Jahren hat er es auf diese Weise zu Berlins bekanntestem Verbrecher gebracht. Lehmann war der »Ausbrecherkönig«, jemand, über den die Boulevardzeitungen schrieben, viele durchaus mit Sympathie. Da war einer, der sich mit allen und besonders gerne mit »denen da oben« anlegte. Der Polizisten schlecht aussehen ließ. Der zum Beispiel mal, nur mit einer Badehose bekleidet, am Strandbad Wannsee einer kleinen Armee von Ordnungshütern durch die Lappen ging. Der sich einfach die Pistole griff, die ein Polizist bei einer Vernehmung auf dem Tisch liegen gelassen hatte, und damit nach draußen marschierte.

Doch Ekke Lehmanns Bekanntheitsgrad war auch von zweifelhaftem Wert. Wohl genoss er bei seinen vielen Gefängnisaufenthalten, die er sich im Laufe seiner durchaus beeindruckenden Kriminellenkarriere einbrachte, auch immer wieder Privilegien. Er war jemand in der gnadenlosen Hierarchie der Knackis. Mit dieser Legende – die noch dazu muskelbepackt und über und über tätowiert war – legte man sich besser nicht an. So ging es Mithäftlingen, vielfach aber auch Justizbeamten. Zu seiner Legende gehört im Übrigen auch, dass sich Lehmann in die Rechte und Pflichten von Gefängnisinsassen einlas. Der Prolet hatte sich fast in einen Intellektuellen verwandelt, in einen Meister der Eingaben und Beschwerden, in einen Störenfried.

Und doch war Lehmann seine Legende eher im Weg. Viele Male übertrieb er es in seinem Ehrgeiz, diesem Outlaw-Bild partout gerecht zu werden. Es machte ihm stets einen Heidenspaß, Polizisten zu narren. Nicht selten trieb er es zu bunt und wurde wieder gefasst. Haftverschärfungen waren dann für ihn an der Tagesordnung. Er war einfach zu gefährlich.

Ekke Lehmanns Geschichte ist eine Geschichte nicht enden wollender Gewalttaten. Er ist ein Vergewaltiger, ein Schläger, ein Räuber, ein Einbrecher. Er wurde verurteilt wegen unerlaubten Waffenbesitzes, Fahrens ohne Führerschein und Widerstandes gegen die Staatsgewalt. Er ist ein notorischer Verbrecher, der es jedoch nie zum großen Coup geschafft hat. Fühlte er sich ungerecht behandelt, schlug er zu. Wer sich – zum Beispiel im Gefängnis – an ungeschriebene Gesetze hielt, konnte Lehmann als Freund kennen lernen. Wer die Regeln brach, musste seine Rache fürchten. Besonders brutal und rücksichtslos war er immer dann, wenn er sich hintergangen fühlte. Doch seine Umwelt zollte ihm für seine Unangepasstheit und seinen fanatischen Gerechtigkeitsfimmel auch Respekt.

Ansehen fand er bei vielen auch durch seinen Witz und Charme, der vor allem auf Frauen ganz offenbar überwältigende Wirkung hatte. So gibt es die Geschichte von einer Sozialarbeiterin aus dem Knast, die Ekke aus Tegel zum Kurzurlaub abholte und kurzerhand mit ihm verschwand. Später, zurück im Gefängnis, heiratete er eine andere Frau. Oder die Geschichte von der Ehefrau eines schwedischen Justizbeamten. Lehmann war zwischenzeitlich nach Südschweden geflohen, dort aber gefasst und inhaftiert worden. Er überredete einen Justizbeamten, ihm zur Flucht zu verhelfen. Den Fluchtwagen fuhr dessen Frau, die sich bald danach scheiden ließ und mit Ekke Lehmann durchbrannte. Und schließlich ist da die Geschichte einer Polizistin, die für Lehmann sogar ihren Job aufs Spiel setzte und verlor. Sie half Lehmann, ihre Kollegen an der Nase herumzuführen. Schließlich floh sie mit ihm sogar nach Dänemark und Polen. Die Polizistin war es auch, die ihn später dann – das einzige Mal übrigens – dazu brachte, sich selbst zu stellen. Aber alle diese Frauen hat er fallen lassen, als er sie nicht mehr brauchte. Vielleicht hat er sie auch geliebt, mit Sicherheit aber brutal ausgenutzt.

Dieses Bild des Verbrechers und des nimmersatten Charmeurs zeichnet jedenfalls der Autor Lothar Berg. Der Dramaturg und Verfasser von Kurzgeschichten kennt Lehmann seit mehr als zwei Jahrzehnten. Er ist fasziniert von dessen Gewalttätigkeit, will sie verstehen helfen. Aus vielen Gesprächen entstand Lehmanns Biografie »Ohne Kompromiss«, die 1999 erschien. Berg zeigt darin einen Menschen, der von seinem brutalen Vater auf die schiefe Bahn geprügelt worden ist.

Im Oktober 1946 als eines von sechs Kindern in die Familie eines preußischen Laienrichters geboren, musste Ekke Lehmann schon als Kind die Gewalttätigkeiten des Vaters erleiden. Berg beschreibt diesen als einen Sadisten, der den jungen Eckehard zu einem harten Menschen formen wollte. Zu einem, der absolut gehorsam war, der sich unbedingt an die väterlichen Regeln hielt. Heraus kam ein Mensch, der Schmerzen lautlos ertrug. Einer, der die Obrigkeit – zumal die mit dem Knüppel – verachtete. Der früh gelernt hatte, abgrundtief zu hassen. Mit 14 Jahren schlug der Junge seinen Vater nieder. Aus seiner Sicht brach er damit dessen Macht. Nie wieder würde sich Ekke Lehmann ohne Gegenwehr schlagen, züchtigen, demütigen lassen. Von diesem Zeitpunkt an war er derjenige, der schlug, züchtigte, demütigte. In Lehmanns Augen trägt der tyrannische Vater bis heute daran die Schuld. »Wir sehen uns in der Hölle. Und Du solltest Dir wünschen, dass der Teufel ein guter Freund von Dir ist«, wird er in seiner Biografie zitiert.

Am 13. August 1993 wird Ekke Lehmann wieder mal aus Tegel entlassen. 30 Jahre, nachdem er dort als jüngster Insasse aller Zeiten das erste Mal inhaftiert worden war, mehr als 40 Vorstrafen später. Nie mehr will er die Zwillingstürme an der Seidelstraße von innen sehen, hinter denen er mehr als zwei Jahrzehnte seines Lebens hat verbringen müssen. Damit endet Ekke Lehmanns Lebensgeschichte – zumindest soweit sie sein Biograf und Freund Lothar Berg aufgeschrieben hat.

Das Buch »Ohne Kompromiss«, wiewohl keine herausragende Literatur, hinterließ Eindruck. Zeitungen druckten Rezensionen, in denen Lehmann schmeichelhaft gezeichnet wurde. Künstler wurden aufmerksam auf den charmanten wie brutalen Kraftprotz, Berg knüpfte die Kontakte.

»Ich erinnere mich noch gut an mein erstes Treffen mit Ekke. Da kommt einer ins Zimmer rein, angekettet, mit je einem Aufpasser pro Seite. Es hat mich sehr beeindruckt, wie viel Angst die vor einem einzelnen Mann hatten.« Das erzählt der Schauspieler Ben Becker, der besonders gerne draufgängerische Charaktere spielt.

Becker lernte Lehmann im Jahr 2000 kennen, als Ekke mal wieder im Knast saß. Er war abgestoßen und angezogen zugleich. »Der hatte eine Aura und Ausstrahlung, die einem schon Angst machte«, sagt Becker, zu dessen Paraderollen Franz Biberkopf in Alfred Döblins »Berlin Alexanderplatz« zählt. Auch das ist so ein kleiner Dauerverbrecher, der es nie zum ganz großen Wurf gebracht hat.

Becker interessierte sich aus mehreren Gründen für Ekke Lehmann: Da steht die Furcht vor dessen Vehemenz einer Neugier auf »ein verdammt hartes Klientel, das auch Bestandteil dieser Stadt ist«, gegenüber. Ihm habe imponiert, dass Lehmann sich immer auf so »naive anarchische Weise mit dem System angelegt« habe, meint der Schauspieler. Außerdem glaubt er, »den Menschen Ekke« erkannt zu haben. »Der war mir sympathisch. Wie der zum Beispiel mit meinen Kindern umgegangen ist, das hatte etwas von einem Bären – beschützend, liebevoll. Es war durchaus möglich, diesem Mann die Hand zu geben.« Ben Beckers Fazit: »Dieser Mann ist ein Stein, ein außergewöhnliches Exemplar.«

Beckers Interesse an dem Ausbrecher führte so weit, dass er sich Häftlingskleidung anzog und am 16. Januar 2001 auf der Bühne des Hebbel-Theaters aus Lehmanns Biografie »Ohne Kompromiss« vorlas. Mal wieder war Ekke der Liebling der Medien.

Das ist mehrere Jahre her. Manchmal ist Lehmann noch im Fernsehen zu sehen, zum Beispiel in Talkshows. Wenn man ihn dann über den Hass auf seinen Vater, seine Umwelt, die Justiz oder wen auch immer reden hört, klingt er wie ein verbitterter alter Mann.

Seine große Zeit scheint lange schon vorbei zu sein, aber er hat immer wieder Ärger mit der Justiz. 2000 stand Lehmann vor Gericht, weil er zusammen mit Komplizen mehr als 10 000 Euro aus einer Kneipe an der Boddinstraße in Neukölln gestohlen haben soll. Erst führte eine Herzerkrankung – die Folge eines früheren Infarkts im Gefängnis – zum Abbruch der Verhandlung, schließlich wurde das Verfahren gegen ihn ganz eingestellt.

Lehmann hält sich nun mit Gelegenheitsjobs über Wasser. Dabei mögen ihm seine Kenntnisse aus seinen diversen Lehren zum Maurer, Autoschlosser und Bäcker helfen. Eine Zeit lang hat er auch im Rahmen eines ABM-Programms gemalert, eine Anstellung wurde daraus nicht. Das Leben außerhalb des Knasts ist kompliziert, die Welt draußen hat nicht auf einen mittlerweile 58-Jährigen mit Herzkrankheit gewartet.

Und der »Ausbrecherkönig« ist auch nicht wirklich ein sympathischer Zeitgenosse. Im Jahr 2000 wurde wegen Volksverhetzung gegen ihn verhandelt. Er soll Türken beschimpft haben. »Ausländer raus!« und »Wir brauchen einen neuen Hitler!« soll Lehmann durch die Hasenheide gebrüllt haben. Er bestritt das, und man konnte es ihm nicht nachweisen. Das Verfahren wurde eingestellt.

Im Frühjahr 2004 stand Ekke Lehmann dann erneut vor Gericht. Er soll einem Nachbarn erst Pflastersteine und später Feuerwerkskörper auf den Balkon geworfen haben. Auch das stritt Lehmann ab. Die Verhandlung ist wegen Lehmanns Erkrankung zunächst auf Februar 2005 verschoben worden. Doch eine Fortsetzung folgt, sehr sicher.

Elmar Schütze

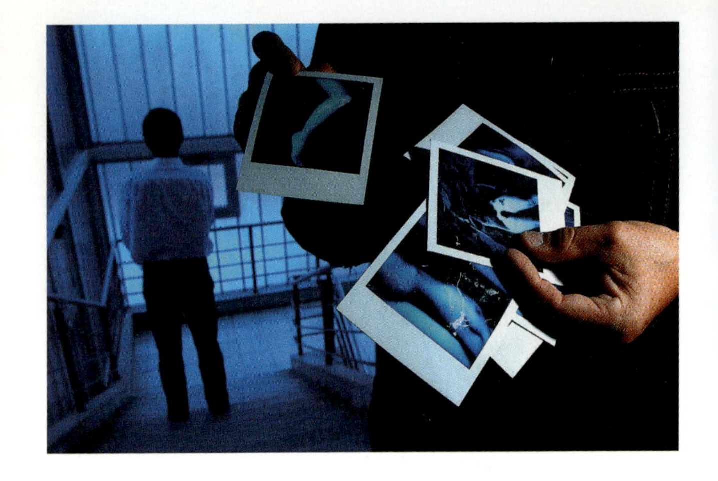

Foto einer Toten

Etwas unschlüssig stehen die beiden Kommissare auf dem Flur des rechtsmedizinischen Instituts der Freien Universität. Einer hält einen Stapel mit Fotos in den Händen. Sie suchen jemanden, dem sie die Aufnahmen zeigen können. Es sind Fotos, wie sie eigentlich niemand macht und die jemand, der sie doch macht, niemals herzeigen würde. Polaroidaufnahmen, auf denen ein geschundener Frauenkörper zu sehen ist – ganz offensichtlich nach perversen Sexspielen. Bei einer Hausdurchsuchung haben die Beamten die 13 Fotos tags zuvor gefunden. Nun soll sie Markus Rothschild anschauen. Er ist der erste Rechtsmediziner, dem die Polizisten zufällig begegnen. »Viel zu erkennen ist ja nicht«, sagt Rothschild, nachdem er die Bilder kurz angesehen hat. Er will weiter, gibt die Fotos den Ermittlern zurück und fragt noch kurz: »Wann bekommen wir die Leiche?«

Dieser beiläufig gesprochene Satz ändert alles: Der Mann, der die Fotos machte und bislang nur wegen gefährlicher Körperverletzung im Landeskriminalamt beim Verhör saß, ist auf einmal ein mutmaßlicher

Mörder. Die Mutter, die seit fast einem Monat ihre 18-jährige Tochter vermisst, wird anhand der Fotos Gewissheit erlangen, dass sie ihre Tochter nie wieder sehen wird, weil sie tot ist. Und Markus Rothschild, der im Vorbeigehen einen Blick auf die Fotos warf, wird in einem Aufsehen erregenden Mordprozess ohne Leiche zum wichtigsten Zeugen der Anklage werden.

Dass die Frau auf den Fotos tot sein könnte, daran haben die Kommissare zunächst gar nicht gedacht. Aber Rothschild lässt bereits auf dem Institutsflur keinen Zweifel daran: »Das ist eine Tote. Mit Sicherheit«, sagt er und zeigt auf Flecken auf dem Bauch der Frau. Das sei Fäulnis, erklärt er.

Drei Jahre war Martin Stutz* Hautarzt an einer Klinik. Er war bekannt für sein zurückhaltendes Wesen und die Eleganz, mit der er sich kleidete. Der Junggeselle, einziges Kind einer Akademikerfamilie, hatte sich als Laserspezialist einen Namen gemacht, wurde zu Kongressen eingeladen, veröffentlichte wissenschaftliche Abhandlungen. Das war die eine, die erfolgreiche Seite von Martin Stutz. Die andere, die dunkle Seite kannte niemand – bis er festgenommen wurde und vor Gericht Stück für Stück klar wurde, in welchen zwei Welten der Arzt lebte.

Mindestens einmal pro Woche fuhr der im Dienst als schüchtern geltende Stutz nach Feierabend zum Straßenstrich in die Schöneberger Kurfürstenstraße. Die Frauen, die zu ihm ins Auto stiegen, mussten immer dieselbe Prozedur über sich ergehen lassen: Sie mussten sich Lederhosen anziehen, die Stutz dabei hatte. Dann mussten sie sich bäuchlings vor ihn hinlegen, damit er sich auf sie knien und sich dabei selbst befriedigen konnte.

So beginnt das Sexspiel auch mit Rosalie Wert*, die am 25. März 1996 von Stutz am Straßenrand herangewunken wird und dann in seinen weißen VW-Polo steigt. Der Arzt fährt mit ihr auf einen Parkplatz am Nollendorfplatz. Dort fordert er sie auf, die mitgebrachte Lederhose anzuziehen. Die 29-Jährige willigt ein. Wie gewünscht, dreht sich Rosalie auf dem Beifahrersitz um, wartet, dass ihr Freier beginnt, sich zu befriedigen. Aber dann kommt alles anders. Plötzlich spürt sie einen schrecklichen Schmerz im Kopf. Martin Stutz hat zugeschlagen: Mit einem Hammer. Immer und immer wieder schlägt er auf die Prostituierte ein. Später werden Ärzte 20 Wunden an ihrem Kopf feststellen, die teilweise bis zum Schädelknochen reichen. Rosalie Wert hat Todesangst, kann nicht flüchten. Stutz hält sie fest, hört dann aber plötzlich mit den Schlägen auf: »Du armes Geschöpf. Ich kann dich nicht töten«, sagt er, lässt sich hinters Lenkrad fallen, startet den Wagen und fährt mit Rosalie Wert nach Schmargendorf.

Dort parkt er das Auto in der Tiefgarage und schleppt die schwer verletzte Frau in seine Wohnung. Wieder will er die Prostituierte töten – versucht, sie mit einem Geschirrhandtuch zu ersticken, schlingt ihr einen Gurt um den Hals und zieht zu, sticht mit einem Messer auf die Frau ein. Nur um Millimeter, so steht es später in den Unterlagen, verfehlt er die Halsschlagader seines Opfers. Er sticht erneut zu, rutscht vom Griff des Messers ab und schneidet sich dabei selbst. Nun erst lässt Martin Stutz von der Frau ab, schleppt Rosalie Wert wieder zurück zum Auto und wirft sie vor dem Urbankrankenhaus aus dem Wagen. Trotz der Qualen und Schmerzen ist sie noch immer bei Bewusstsein. Als sie in die Notaufnahme geschoben wird, kann sie den Ärzten sogar noch das Kennzeichen von Stutz' Polo sagen.

Für die Polizei beginnt die Routine. Schnell ist der Halter des Wagens ermittelt – Martin Stutz. Und schnell liegt ein Durchsuchungsbeschluss vor, mit dem die Beamten an dessen Wohnungstür klingeln. Hinter der Stereoanlage entdecken sie versteckte Polaroidaufnahmen. Es sind die Fotos, die tags darauf dem Gerichtsmediziner Markus Rothschild gezeigt werden.

Vor dem Prozess gegen Stutz hat Rothschild die Fotos noch einmal genau analysiert. Er kam zu dem Schluss, dass die tote Frau zwischen 20 und 30 Jahren alt gewesen sein muss. Auf den Bildern lag sie mal auf einer Matratze, mal zusammengekauert in einer Babybadewanne. Die Frau musste einen so genannten »Golden Shower« über sich ergehen lassen: Es wurde auf sie uriniert. Auch das erkannte Rothschild eindeutig. Die arrangierte Haltung des Opfers, das auch mal eine Tüte wie eine Mütze auf dem Kopf hatte, die Hautverfärbungen, die am ganzen Körper zu sehen waren, ließen für ihn nur einen Schluss zu: »Die Frau war tot«, sagte Rothschild vor Gericht. Freilich, die Flecke auf den Fotos hätten durch Sonneneinstrahlung oder ähnliches verfälscht sein können. Aber bei der Hausdurchsuchung in Stutz' Wohnung fanden die Beamten nicht nur die Aufnahmen der Sofortbildkamera, sondern auch unentwickelte Kleinbildfilme – und auf diesen war dieselbe Frau zu sehen, wieder mit Fäulnisflecken.

Noch wissen die Ermittler aber nicht, wer die tote Frau ist. Sie suchen in ihrer Vermisstendatei und stoßen schließlich auf die 18 Jahre alte Jana Serge* aus Wedding, die ebenfalls auf dem Straßenstrich der Kurfürstenstraße arbeitet und seit fast vier Wochen als vermisst gilt. Am Tag vor Martin Stutz' Geburtstag wurde sie zum letzten Mal gesehen.

Der Hautarzt, der inzwischen in Untersuchungshaft sitzt, bestreitet, die Frau zu kennen und umgebracht zu haben. Janas Mutter und andere Prostituierte erkennen Jana aber auf den Fotos wieder. Und dann finden die Beamten ein weiteres Indiz: Sowohl in dem Appartement der jungen Frau als auch in der Wohnung von Stutz stellen sie die gleichen Fasern sicher. Der Staatsanwaltschaft genügen die Fotos und die Fasern, um den Arzt wegen Mordes zur Befriedigung des Geschlechtstriebes anzuklagen. Zudem soll er außer Rosalie Wert noch drei weitere Frauen misshandelt haben. Zwei weitere Morde an Prostituierten können ihm die Ermittler nicht nachweisen.

»Ich fühle mich ungerecht behandelt«, sagt Stutz selbstbewusst zu Beginn des Prozesses vor dem Berliner Landgericht im November 1996. Er weist die Vorwürfe als »unberechtigt« zurück, auch nach mehreren Prozesstagen noch. Allerdings bleibt mit der Zeit immer weniger von seiner gewählten Sprache, seinem überlegenen Auftreten übrig, manchmal beginnt er in seiner Wut sogar den Staatsanwalt zu duzen und zu beschimpfen.

Einen Monat nach Prozessbeginn sagt Rechtsmediziner Markus Rothschild als Gutachter aus. Er wird gefragt, ob die grünlichen Flecken nicht durch Urin entstanden sein könnten. Für den Mediziner eine absurde Frage. »Es ist schon möglich, dass sich Urin grün verfärbt«, sagt Rothschild. Beispielsweise bei einer lebensgefährlichen Teervergiftung. Aber die habe ja wohl nicht vorgelegen.

Ob er bei seiner Aussage denn noch ruhig schlafen könne, wird Rothschild von Stutz' Anwalt gefragt. Was, wenn plötzlich die Tür aufgehe und Jana Serge den Gerichtssaal betrete? »Aber das alles hat mich nicht von meiner Meinung abgebracht, dass da eine Leiche fotografiert wurde«, sagt der Mediziner. Stutz bleibt bei seinem Leugnen und erklärt: »Es ist schlichtweg nicht möglich zu beweisen, dass diese Person tot ist.«

Aber dann, nach vier Monaten Prozess, am 21. März 1997, kündigt Martin Stutz an, eine Erklärung abgeben zu wollen. Er ist sichtbar abgemagert, grau geworden. Nun gibt der Arzt zu, dass Jana Serge in seiner Wohnung war und dort bei Sexspielen ums Leben kam. »Sie wollte sich durchaus drosseln lassen«, sagt er. Sie habe sich wie ein Hund durch die Wohnung führen lassen, mit einem Gürtel als Leine um den Hals. Plötzlich habe sie Nasenbluten bekommen, sich erbrochen. Er sei danach längere Zeit im Bad gewesen. Als er wiederkam, sei Jana Serge tot gewesen. Dann sei ihm der Gedanke mit den Fotos gekommen. Er wollte sie so inszenieren, als würde die Frau noch leben. Stutz erzählt weiter, dass er die Tote zersägt habe. Die Leichenteile habe er in verschiedene Müllcontainer geworfen. Der Mediziner gibt jetzt auch die Misshandlungen an drei weiteren Prostituierten zu. Er sagt, er habe im Affekt gehandelt, weil er sich von den Frauen wegen seiner Impotenz verspottet fühlte.

Der psychiatrische Gutachter aber hat eine andere Erklärung: den Hass auf Frauen. Dieser Hass habe sich in Stutz angestaut, verursacht worden sei er durch die dominante Art seiner Mutter, die ihren einzigen Sohn wie unter einer Glocke gehalten habe. Zerstörerische Aggressionen und sexuelle Erregung hätten sich dann bei Stutz verbunden. Er habe Hass und Rache ausgelebt – und dass er das womöglich wieder tun würde, sei wahrscheinlich.

Als Rothschild von Stutz' Geständnis erfährt, ist er erleichtert: »Obwohl ich davon überzeugt gewesen war, dass die fotografierte Frau tot war, war ich doch sehr beruhigt.«

Das Gericht verurteilte Martin Stutz wegen Mordes und versuchten Mordes zu lebenslanger Haft. Sieben Jahre sollte Stutz, so stand es in dem Urteil, zunächst im Gefängnis absitzen, dann in die Psychiatrie überführt werden. Aber im Revisionsverfahren entschied der Bundesgerichtshof, Stutz sofort in die Psychiatrie einzuweisen – dort, im Maßregelvollzug, wird der Arzt nun therapiert. *Katrin Bischoff*

Kopfschuss im Grunewald

Der 4. Juni 1974 klingt in einer kühlen Frühsommernacht aus. Die Soldaten einer in Berlin stationierten Einheit der US-Army sind froh, als gegen Mitternacht an diesem Dienstag ihre Übung beendet wird und sie den Rückmarsch in ihre Kaserne durch den Grunewald antreten dürfen. Ein Sergeant und sein Begleiter setzen sich ein wenig von den anderen ab und benutzen einen Waldweg, der parallel zum Ufer der Krummen Lanke verläuft. Plötzlich wird die Stille im Wald von einem seltsamen Geräusch unterbrochen – einem Röcheln, wie von einem Sterbenden. Es ist jetzt genau 20 Minuten nach Mitternacht.

Nach kurzer Suche stoßen die beiden GIs auf einen verletzten Mann. Er liegt auf einem Weg, der als Trimm-dich-Pfad von Joggern benutzt wird, unmittelbar neben einem Drahtzaun. Um seinen Kopf hat sich eine Blutlache gebildet, in der Schläfe klafft ein großes Loch, die Schädeldecke ist zertrümmert.

Sofort alarmieren die Soldaten ihren Vorgesetzten, der einen Sanitätswagen der Army losschickt und die Polizei zum Tatort beordert. Als gegen 0.30 Uhr der mit Blaulicht heranrasende Funkstreifenwagen Ida 46 eintrifft, gibt der Mann kaum noch Lebenszeichen von sich. Wenig später ist er tot. Weil sich keine Waffe findet, steht für die Kriminalpolizei fest, dass sie es mit einem Mord zu tun hat.

Der Verdacht erhärtet sich, als die Beamten die Personalien des Toten feststellen: Ulrich Schmücker, Student, 22 Jahre alt. Er ist ein alter Bekannter: Zwei Jahre zuvor, im Mai 1972, war Schmücker als Mitglied der Anarchistentruppe »Bewegung 2. Juni« festgenommen worden.

Am Morgen nach dem grausigen Fund im Jagen 144 betritt Michael Grünhagen wie jeden Tag sein Büro im Berliner Verfassungsschutzamt. Grünhagen, der im Dienst Peter Rühl heißt, ist zu jener Zeit für die Aufdeckung der Berliner Anarchoszene zuständig. Dort operiert er unter dem Namen Michael Hagen. An diesem Morgen liegt die Meldung von Schmückers Tod schon auf seinem Schreibtisch.

Die Nachricht ist ein Schock für den Beamten, der vom Berliner Verfassungsschutzchef Franz Natusch beim Innensenator als »mein bester Mann« geadelt worden war. All das, was sich Grünhagen an Erfolg und Reputation mühsam aufgebaut hat, droht nun mit dem »Todesfall Schmücker« in sich zusammenzufallen – wenn er nicht handelt.

Und so führt Grünhagen alias Rühl alias Hagen in den folgenden Stunden und Tagen hektische Telefonate und hetzt von einem Treff mit V-Leuten zum nächsten. Dem Verfassungsschützer geht es dabei aber nicht darum, die Mörder von Schmücker zu finden oder die Hintergründe der Tat zu ermitteln. Vielmehr gilt es, falsche Fährten zu legen und die Aussagen möglicher Zeugen abzustimmen. Denn Grünhagen muss wichtige Spuren des Mordes verwischen, Spuren, die zum Berliner Verfassungsschutz führen.

Im Juni 1972 hat Grünhagen den Lehrerssohn Schmücker, der eigentlich Pfarrer werden wollte, kennen gelernt – im Knast. Bei 16 Besuchen bis zum Dezember 1972 in den Justizvollzugsanstalten Koblenz und Diez an der Lahn, wo der Ethnologie-Student in Untersuchungshaft sitzt, entlockt der Verfassungsschützer dem Anarchisten

Details über die Aktivitäten seiner Gesinnungsgenossen sowie die Personalien von Helfern und Sympathisanten. Als Gegenleistung braucht Schmücker, dem Grünhagen den Decknamen »Klette« verpasst, seine zweieinhalbjährige Gefängnisstrafe wegen Vorbereitung von Sprengstoffanschlägen und Mitgliedschaft in einer kriminellen Vereinigung nicht absitzen. Direkt nach dem Urteil im Februar 1973 kommt er auf freien Fuß.

In der linken Szene, zu der Schmücker so gern gehören will, schlägt ihm nun aber offenes Misstrauen entgegen. Es wird von Verrat geredet. Schmücker geht in die Offensive, räumt ein, mit einem Beamten geredet zu haben, aber Geheimnisse seien ihm nicht über die Lippen gekommen.

Doch das Misstrauen in der Szene wuchert weiter. Um sich von seinem Verräterruch zu befreien, nimmt Schmücker Kontakt zu einem Bekannten auf und vertraut diesem an, dass er seinen Gesprächspartner vom Verfassungsschutz umbringen wolle. Dazu brauche er aber eine Waffe und falsche Papiere.

Über diesen Bekannten kommt Schmücker in Kontakt mit der Wolfsburger Wohngemeinschaft von Ilse Jandt. Die Gruppe um die als »Rote Ilse« bekannte Frau aber glaubt Schmücker nicht. Im April 1974 treffen die Mitglieder sich mit ihm in Berlin und befragen ihn stundenlang über seine Gespräche mit dem Verfassungsschützer. Am Ende zwingen sie ihn, auf einer Schreibmaschine ein umfassendes Geständnis zu schreiben.

Dass Schmücker mit diesem Geständnis sein eigenes Todesurteil verfasst, ahnt er zu diesem Zeitpunkt noch nicht. Denn die »Rote Ilse« wiegt ihn in Sicherheit: Es sei geplant, ihn auf Bewährung wieder in den anarchistischen Zirkel aufzunehmen. Bei einem Gespräch am 3. Juni 1974 wird sogar ein Kontaktmann avisiert, mit dem sich Schmücker am nächsten Tag abends um halb elf an der Krummen Lanke in Grunewald treffen soll.

Aber Schmücker hat Angst. Am Vormittag und am Nachmittag vor dem vereinbarten Treffen ruft er seinen V-Mann-Führer Grünhagen an.

Dieser beruhigt ihn: Es könne nichts passieren, der Dienst passe auf ihn auf.

Dabei weiß Grünhagen es besser, denn auch von anderen V-Leuten bekommt er den Tipp, dass Schmücker in Gefahr ist. Am konkretesten wird Volker von Weingraber, Deckname »Wein«. Der Adlige, der eigentlich aus dem Rotlichtmilieu kommt, kellnert im Kreuzberger Szenelokal »Tarantel«. Dort hat er exklusiven Zugang zu den Anarchisten und vor allem zu der Gruppe um die »Rote Ilse«. Bei V-Mann »Wein« wohnen die Wolfsburger, wenn sie in Berlin sind. Auf seiner Schreibmaschine tippten sie den Fragebogen, der die Vorlage für Schmückers Geständnis ist. Auch leiht er ihnen den gelben VW-Bus der »Tarantel« aus, mit dem die Jandt-Gruppe den Tatort erkundet und am Abend des 4. Juni 1974 zu dem vereinbarten Treffen im Grunewald fährt.

V-Mann »Wein« bekommt mit, dass sich Unheil über Schmücker zusammenbraut. Er informiert Grünhagen und sagt ihm, dass eine Racheaktion mit tödlichem Ausgang nicht ausgeschlossen sei. Aber der Mann vom Verfassungsschutz greift nicht ein. Zu verlockend ist die Aussicht, dass Schmücker in jener Juninacht im Grunewald möglicherweise Inge Viett, Ralf Reinders oder einen anderen der untergetauchten Top-Terroristen treffen könnte.

Ein Gericht wird später feststellen, dass das Landesamt für Verfassungsschutz Schmücker als Lockvogel in sein eigenes Verderben laufen ließ. Denn dass die Geheimdienstler bei ihrer Aktion bewusst den Tod des Studenten in Kauf nahmen, zeigt auch der Umstand, dass Grünhagen am späten Nachmittag des 4. Juni 1974 anwies, die Observation seines V-Manns abzubrechen. Schmücker ging allein zu seinen Mördern.

Wer den tödlichen Nahschuss in Schmückers Kopf in jener Nacht abfeuerte, ist bis heute nicht bekannt. Fest steht nur, dass ein Mann kurz nach dem Mord mit dem VW-Bus der »Tarantel« zu Volker von Weingraber kommt und dem V-Mann die mutmaßliche Tatwaffe übergibt, eine Parabellum 08. »Wie hast du das gemacht?«, habe er den heftig weinenden Mann gefragt, erzählt Weingraber viele Jahre später dem

»Spiegel«. »Mit einem Kombatschuss«, habe der geantwortet. Wie bei einer Hinrichtung.

In derselben Nacht noch gibt Weingraber alias V-Mann »Wein« die Pistole an Grünhagen weiter, ohne ihm allerdings etwas von einem Mord zu sagen. Es ist der 5. Juni 1974, 0.20 Uhr. Ulrich Schmücker ringt noch zehn Minuten mit dem Tod. Als er stirbt, hat der Verfassungsschutz die Mordwaffe schon beiseite geschafft – für mehr als zehn Jahre verschwindet sie in einem Tresor des Landesamtes.

Ebenfalls am 5. Juni 1974 bekennt sich ein Kommando »Schwarzer Juni« zu dem Fememord im Grunewald. »Ein Verräter hat in den Reihen der Revolution nichts zu suchen, außer seinen sicheren Tod«, heißt es in der Erklärung.

Vier Monate nach der Tat werden sechs Verdächtige aus der Wolfsburger Kommune um die »Rote Ilse« angeklagt. In vier langwierigen Strafverfahren über insgesamt 15 Jahre versuchen Berliner Gerichte, das nächtliche Geschehen im Grunewald aufzuklären. Das erweist sich als hochkompliziert, weil der Verfassungsschutz – gedeckt vom Berliner Senat – seine Informationen und Beweise beharrlich zurückhält. »Was sich in vier verschiedenen Sälen des Kriminalgerichts Moabit abspielte, ist der wohl abenteuerlichste Fall von Manipulation des Rechtsstaates, der in der Bundesrepublik Deutschland je bekannt wurde«, schreibt Stefan Aust 2002 in seinem Buch »Der Lockvogel«, einer brillanten Aufarbeitung der Schmücker-Affäre.

Während der vier Prozesse um den Mord sorgen immer neue Enthüllungen für Skandale. So wird bekannt, dass vor und nach der Tat insgesamt fünf V-Leute des Verfassungsschutzes an der Schmücker-Affäre beteiligt waren. Sogar auf die Anwälte werden V-Leute angesetzt, sodass das Landesamt an die Ermittlungsunterlagen der Staatsanwaltschaft gelangt. Als sich 1984 herausstellt, dass die Tatwaffe vom Verfassungsschutz versteckt wurde, setzt das Abgeordnetenhaus einen Untersuchungsausschuss ein. Das Gremium fördert einen riesigen Berg von Akten zu Tage, die der Geheimdienst dem Gericht seit Jahren vorenthalten hat.

Aber am Ende bleibt der Mord an Ulrich Schmücker ungesühnt. Nach 591 Verhandlungstagen in mehr als 15 Jahren, vier Verfahrensdurchgängen und drei aufgehobenen Urteilen sowie Kosten in zweistelliger Millionenhöhe stellt das Berliner Landgericht das längste und skandalträchtigste Verfahren der deutschen Justizgeschichte am 28. Januar 1991 endgültig ein. Die Begründung des Gerichts: Die Angeklagten seien durch die von Verfassungsschutz und Staatsanwaltschaft manipulierten Ermittlungen so in ihren Rechten eingeschränkt worden, dass kein faires und rechtsstaatliches Verfahren mehr möglich sei.

Die offenkundigen Täter aus der Wolfsburger Kommune um Ilse Jandt kommen auf freien Fuß und müssen zudem noch finanziell entschädigt werden. Dem Verfassungsschutz und insbesondere seinem Beamten Michael Grünhagen gibt das Gericht eine erhebliche Mitschuld an dem Mord. Die Geheimdienstler, so die Richter, haben bewusst mit dem Leben Schmückers gespielt. *Andreas Förster*